Theo Schuster

Die großen Schachmeister der Zwanziger Jahre

Schicksale berühmter Schachmeister wie sie kämpften, siegten und unterlagen

Die Neuromantiker von Reti bis Nimzowitsch

Franckh'sche Verlagshandlung
Stuttgart

Umschlag von Hans-Ulrich Eichler
unter Verwendung eines Dias von Burkard Kahl
66 Diagramme im Text

Vom selben Autor erschienen außerdem in unserem Verlag:

„Schacheröffnungen“
„Neun beliebte Kartenspiele“
„Schachgenie Fischer“
„Das Endspiel im Schach“
„Unvergessene Schachpartien I“
„Unvergessene Schachpartien II“

CIP-Kurztitelaufnahme der Deutschen Bibliothek

Schuster, Theo
Die großen Schachmeister der Zwanziger Jahre:
Schicksale berühmter Schachmeister, wie sie
kämpften, siegten u. unterlagen; d. Neuromantiker
von Reti bis Nimzowitsch. — 1.-8. Tsd. —
Stuttgart: Franckh, 1976.
(Schach bei Franckh)
ISBN 3-440-04332-0

Franckh'sche Verlagshandlung, W. Keller & Co., Stuttgart/1976

LH 9-EI
ISBN 3-440-04332-0/Printed in Germany/Imprimé en Allemagne
Druck: Johannes Illig, Göppingen

Im Klosterberge-Garten

Festspruch von B. Buchholz, vorgetragen zum 25. Kongreß des Deutschen Schachbundes 1927 in Magdeburg.*

Klosterberge-Garten, Garten vom Kloster Berge.
Ehrwürdigen Namen trägt der Bau, der heut' Euch versammelt.
An Klostermauern denkt man und einsame Menschen,
Die abseits vom Weltgetriebe eigenes Leben lebten.
Einsamkeit schreckt nicht den Schachfreund. Gern ist er einsam;
Sich selbst genug, sitzt er vor Brett und Figuren.
Unter seinen Händen erwachen zum neuem Leben.
Die alten Wunder der Schachwelt „Immergrün" und „Unsterblich".

Doch Ehrgeiz haßt Einsamkeit.
Im Kampf nur ist der Lorbeer zu erringen.
Turniere locken. — Als Kloster Berge noch stand,
Gab es Turniere zu Roß und in schimmernder Wehr.
Uns gibt unser königlich Spiel Turniere mit Waffen des Geistes.
Unsere Ritter, unsere Sieger, wir nennen sie Meister.
Meister! einfacher und doch so stolzer Name.
Meisterwürde, du Sehnsuchtsziel aller Brüder im Schach!
Tausend Arme strecken sich nach dir aus,
Doch Auserwählten nur wirst du geschenkt.

Und die anderen? die tausend anderen alle,
Die Schicksalsgunst nicht beglückte?
Sie neiden nicht, sie murren nicht,
Sie lieben mit doppelter Inbrunst ihr Spiel,

* Die schattigen Parkanlagen des Klosterberge-Gartens rief bei den Schachspielern die Illusion einer Sommerfrische hervor, schrieb Frh. W. v. Holzhausen im Turnierbuch.

Der Deutsche Schachbund besteht im Jahre 1977 100 Jahre

Den Wackeren beugt sich ein trauteres Ziel:
Sie weben und wirken in ihrem Vereine
Und fügen die Steine
Zum stolzen Bau, der geehrt und bewundert
Herab blickt jetzt auf ein halbes Jahrhundert.

Auf festem Grund steht unser Bund.
Spiele und Menschen werden kommen,
Menschen und Spiele werden gehen . . .
Unser Schachspiel wird niemals vergehen.
Unser Schachbund soll immer bestehen.
Der Bund wird stehen!

Die großen Schachmeister der Zwanziger Jahre

Vorwort

Der dritte Band der Reihe „Unvergessene Schachpartien" erscheint in erweitertem Umfang. Nicht nur, weil die Geschichte der neuromantischen Schachepoche (etwa 1920 bis 1930) auch in zusammengedrängter Fassung dies verlangt. Mehr noch, weil die Leser in Zuschriften leidenschaftlich Anteil nehmen an den „Schicksalen berühmter Schachmeister", es seien dazu nur die Worte des Lesers *H. Wieteck* aus Nickenich herausgegriffen: „Man kennt zwar Partien der großen Meister aus Büchern und Schachzeitschriften, doch darüber hinaus interessiert auch der Mensch, der dahintersteht. Welch dornenvollen Weg ein Großmeister oft gehen muß, bis er sein Ziel erreicht, bleibt den meisten verborgen."

Ebenso wie die Geschehnisse auf dem Schachbrett fesselt das Schicksal der Kämpfer, die Not oder das Glück des Menschen neben den Spielzügen. Mit dem Heraufzug der „Neuen Schachideen" nach dem Zweiten Weltkrieg in Europa erleben wir erregende Szenen der Schachgeschichte. Im brodelnden Berlin der „Goldenen Zwanziger Jahre", dem Treffpunkt der jungen Großmeister jener Tage, treten die „Neuen Schachideen" um Richard Reti und Aaron Nimzowitsch ihren Siegeszug an.

Thesen und Grundsätze der Klassiker wurden in Frage gestellt, neuen Schacheröffnungen wurden die Wege geebnet. Die Indischen Flankenspiele und die Indischen Verteidigungen wurden Trumpf. Die Aljechin-Eröffnung (1.e2—e4 Sg8—f6) kam auf, Nimzowitsch-Indisch (1.d2—d4 Sg8—f6 2. c2—c4 e7—e6 3.Sb1—c3 Lf8—b4) begann seine Erfolgsserie in den Turniersälen. Leidenschaftlich kämpften die Neuerer für ihre Ideen, manchmal toleriert von den ruhmreichen Meistern, öfter jedoch verlacht und verspottet. Denn die Hypermodernen schossen in ihrem Eifer nicht selten über das Ziel hinaus. Richard Reti, der Schachkünstler aus dem ungarisch-böhmischen Raum, starb schon 1929, erst 40 Jahre alt. Der aus dem Baltikum stammende A. Nimzowitsch wurde von seinem lebenslangen Kampf um seine kühnen und barock anmutenden Schachideen zu früh aufgezehrt; nach dem Triumph von Karlsbad 1929, dem Riesenturnier, das fast alle Helden unseres Zeitraumes der Zwanziger Jahre vereinte, starb er sechs Jahre später im Alter von 49 Jahren. Es wird ferner der Meister und Schachbohemien gedacht wie Breyer, Sämisch, Dr. Tartakower, Bogoljubow — um einige weitere markante Gestalten jener Tage aufzuzählen. Sie haben mit der Vielfalt ihrer Gedanken und Taten das Schachleben der „Goldenen Zwanziger Jahre" für die Nachwelt vergoldet.

In vielen Abschnitten sind neben den damaligen Partien moderne Meisterpartien neuester Zeit zum gleichen Thema beigefügt.

Der Leser kann daraus ersehen, was aus dem damals „neuen Gedanken" geworden ist und wo das Turnierschach heute steht.

Theo Schuster

Erklärung der Zeichen und der Notation

Die 32 Steine und ihre Symbole

	Weiß	*Schwarz*	In Notation
Je 1	♔	♚	K = König
Je 1	♕	♛	D = Dame
Je 2	♖ ♖	♜ ♜	T = Turm
Je 2	♗ ♗	♝ ♝	L = Läufer
Je 2	♘ ♘	♞ ♞	S = Springer
Je 8	♙	♟	Ohne Zeichen *(Nur bei Stellungsangabe wird B geschrieben)*

Das Schachbrett und die Bezeichnung der 64 Felder

	a	b	c	d	e	f	g	h
8	a8	b8	c8	d8	e8	f8	g8	h8
7	a7	b7	c7	d7	e7	f7	g7	h7
6	a6	b6	c6	d6	e6	f6	g6	h6
5	a5	b5	c5	d5	e5	f5	g5	h5
4	a4	b4	c4	d4	e4	f4	g4	h4
3	a3	b3	c3	d3	e3	f3	g3	h3
2	a2	b2	c2	d2	e2	f2	g2	h2
1	a1	b1	c1	d1	e1	f1	g1	h1

Die Notation (das Aufschreiben der Züge) dient dazu, den gespielten Zug festzuhalten, um ihn nachspielen zu können. Es gibt die ausgeschriebene *(vollständige)* und die abgekürzte *(Kurznotation)* Notation.
Ein Beispiel der ausgeschriebenen Notation aus der Anfangsstellung: 1.e2—e4 e7—e5 2.Sgl—f3 Sb8—c6 3.d2—4 e5xd4

Dieselben Züge in Kurznotation:
1.e4 e5 2. Sf3 Sc6 3. d4 ed4:
Die erste Hälfte der Notation sagt uns den weißen Zug, dahinter folgt der schwarze Gegenzug. Die Punkte hinter der Zugziffer bedeuten, daß der vorausgehende weiße Zug bereits bekannt ist, zum Beispiel auf Seite 15 in der Anmerkung: „Wenn nun 14....Db5". Der vorausgehende weiße Zug war 14. Se5xc4, und nun wird in der Anmerkung der mögliche Gegenzug des Schwarzen 14....Db5 untersucht.

Die in diesem Band vorkommenden Schachzeichen sind:

—	zieht nach
x	schlägt
:	schlägt (Kurznotation)
+	Schach
╪	Matt
!	guter Zug
?	schlechter Zug
0—0	kurze Rochade
0—0—0	lange Rochade
i.V.	schlagen im Vorbeigehen
1:0	Weiß hat gewonnen
0:1	Schwarz hat gewonnen
=	Remis (oder Gleichstand)

Berlin 1920
Die Schachmetropole Europas

Berlin war auch nach dem Krieg Mittelpunkt des europäischen Schachlebens geblieben. Schon während des Ersten Weltkrieges fanden 1916 Wettkämpfe zwischen Mieses—Tarrasch und Lasker—Tarrasch statt. Im Kerkau-Palast arrangierte Bernhard Kagan Viermeisterturniere, an denen Rubinstein, Vidmar, Schlechter und Mieses, sodann Lasker, Rubinstein, Schlechter und Tarrasch teilnahmen. 1919 spielten Reti, Bogoljubow, Selesnieff und Spielmann einen Vierkampf, und die Jubiläumsturniere der „Berliner Schachgesellschaft“ in den Jahren 1917 und 1918 rundeten die schachlichen Aktivitäten ab. Aber erst zwei Jahre nach Kriegsende begann das Schachleben in Berlin im Jahre 1920 wieder aufzublühen. Initiator war der jüdische Schachmeister, Organisator und Verleger Bernhard Kagan. Er holte alle bedeutenden Meister jener Zeit in die deutsche Hauptstadt, ermöglichte ihnen in den entbehrungsreichen Jahren der Inflation die materielle Existenz. Am ersten Meisterturnier nach dem Kriege beteiligten sich Bogoljubow, Reti, Sämisch, Dr. Tartakower, Maroczy, Spielmann und Leonhardt — nur Leonhardt und Sämisch waren Deutsche. Der Leser darf nun nicht glauben, daß die russischen, polnischen, tschechischen und ungarischen Meister ein babylonisches Sprachengewirr entfacht hätten. Nein, wie schon vor dem Ersten Weltkrieg, so blieb auch jetzt Deutsch die Sprache der Schachspieler. (Mehr als ein halbes Jahrhundert später hat sich daran nur wenig geändert! Die vielen Schachmeister aus den Ostblockstaaten sprechen auf den Turnieren neben ihrer Muttersprache fast alle etwas deutsch und englisch, viele davon perfekt.) Ein Jahr später vervollständigte der spätere Weltmeister Alexander Aljechin die Schachgilde von Berlin. Der ehemalige zaristische Offizier erhielt von Volkskommissar Radek persönlich die Ausreisebewilligung: „Ein solches Talent kann sich bei den augenblicklichen Schachverhältnissen in der Sowjetunion nicht entfalten. Nur in den westlichen Ländern kann er den Weg nach oben machen.“

Der 20. Kongreß des Deutschen

Schachbundes in Berlin 1920, der erste nach dem Weltkrieg, offenbarte die nationalistische Haltung der deutschen Schachorganisatoren. Ausländische Meister wurden zum Meisterturnier nicht zugelassen. Die Folge war, daß wegen zu schwacher Besetzung gar keine Meisterschaft von Deutschland stattfinden konnte. Erhard Post, zweimal Meister von Deutschland, war der Wortführer für nationale Emotionen: „Wir wollen keinen Haß predigen, aber auch nicht vergessen, daß, als unser Haus an allen Ecken und Enden brannte, diejenigen, die bei uns zu Gast gewesen sind, nichts Eiligeres zu tun hatten, als ihre Gastgeber und Freunde zu beschimpfen und zu verleumden (Hört, hört!).“ Übersteigerter Nationalismus spricht auch aus den Worten des Vorsitzenden der Berliner Schachvereine, E. Post, auf dem Kongreß: „Machen Sie den Deutschen Schachbund deutsch, weil es bitter not tut, daß alles, was in Deutschland an Werten und Kräften vorhanden ist, aufgesucht, gefördert und gepflegt wird. Machen Sie unser Schach wieder zu einem reinen Kampf um Ehre und Ruhm und geben Sie unserer deutschen Schachorganisation ihren höchsten und wahren Zweck: eine Gemeinschaft zu sein, die jeder deutsche Schachfreund gern und stolz anerkennt, der er sich freudig unterwirft, die aber auch jeder Leistung ihren verdienten Lohn geben kann.“ (Lebhafter, lang anhaltender Beifall.) So berichtet das Turnierbuch. Wen konnte es wundern, welche Saat da in der Republik Deutschland nach einem Jahrzehnt aufgehen würde?

Diskriminierte deutsche Schachspieler

Freilich hatten die nationalistischen Töne im Nachkriegsdeutschland ihren Hintergrund. So gut wie vergessen sind heute die Diskriminierungen deutscher Schachspieler während und nach dem Ersten Weltkrieg. Im August 1915 war in englischen Schachzeitungen zu lesen, daß der Herzog Carl Eduard von Coburg-Gotha und die beiden Schachmeister Dr. Emanuel Lasker und Dr. Siegbert Tarrasch aus der Liste der Ehrenmitglieder des „City of London Chess-Club“ gestrichen worden seien. Danach wurde Herzog Carl Eduard vom Deutschen Schachbund das Protektorat über den DSB angetragen, das der begeisterte Schachamateur erfreut annahm. Weltmeister Lasker wurde vom Vorstand des DSB zum Ehrenmitglied ernannt. (Dr. Tarrasch war dies bereits seit dem Jahre 1906.) Diese Tatsachen können in der Festschrift des Deutschen Schachbundes aus dem Jahre 1927 nachgelesen werden.

Man kann es nur als eine Posse sehen, wenn die Siegerstaaten sich damals darum bemühten, daß „ein besiegter Deutscher“ nicht weiterhin Weltmeister sein dürfe. Der kubanische Thronanwärter J. R. Capablanca zeigte sich aber solidarisch mit Dr. Lasker und lockte ihn mit einer Riesenbörse doch zum Zweikampf im Jahre 1921.

1946 wurde Weltmeister Aljechin das Opfer dieser Treibjagd — der geborene Russe und naturalisierte Franzose hatte mit den Deutschen kollaboriert. Auch diese Wunden sind geheilt: die Russen halten für den einstmals Gedemütigten heute alljährlich in Moskau das „Aljechin-Memorial".

So liefen die Turniere in Berlin ohne die damaligen Großmeister — und mit Tarrasch, Lasker und Mieses allein konnte man kein Turnier spielen, also fiel es aus. Gespielt wurden Haupt- und Nebenturniere mit den jungen deutschen Meistern. Namen wie Sämisch, Brinckmann, Richter, Schlage und Ahues tauchten erstmals auf.

Doch nun in den Turniersaal zum Hauptturnier um den Preis des Berliner Tagblatts im Jahre 1920: Zwei rennomierte Jungmeister aus Berlin und Hamburg sind im Kampfe. Schwarz hat mit bizarren Zügen (vor allem Sb8—a6—c7) den Gegner aus dem gewohnten Gleis zu bringen versucht, mit negativem Ergebnis, wie man sieht. Es folgte:

13.Sd2—c4! d5xc4

14.Se5xc4

Wenn nun 14...Db5, so bekommt Schwarz nach 15.Sd6+ ed6: 16.Lb5:+ (Abzugschach des Te1!) nur zwei Figuren für die Dame.

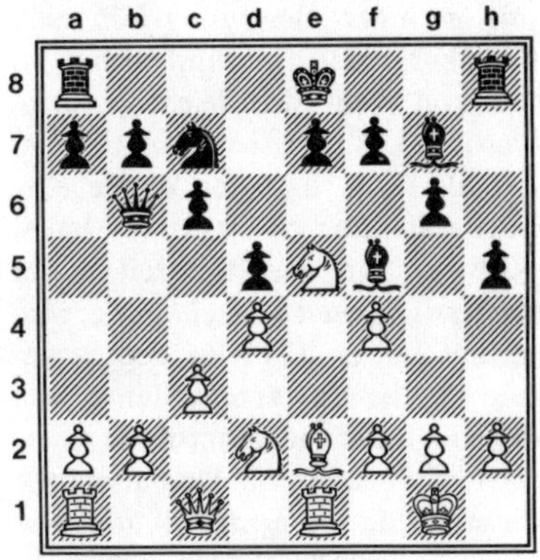

Sämisch—Brinckmann

14... Lg7xd4

15.Sc4xb6

„Und Weiß gewann nach wechselvollen Abenteuern, die dem Gegner noch Chancen auf Remis gaben(!?), im 41. Zuge", heißt es im Turnierbuch.

Am Horizont ziehen die Neuen Schachideen herauf, noch zaghaft vertreten in den Partien der 200 Turnierteilnehmer des 20. Schachkongresses. Zwei Beispiele:

Sämisch—Schönmann: 1.d4 Sf6 2.c4 d6 3.Sc3 g6 4.e4 Lg7. Dazu sagt E. Post im Turnierbuch: „Diese Verteidigungsmethode, mit der Schwarz dem Damengambit ausweicht, ist neuerdings recht beliebt geworden. Sie überläßt Weiß vier Reihen des Brettes und somit Spielraum für seine Figuren, während Schwarz sich mit drei Reihen begnügt. Schwarz bekommt dadurch eine zusammengepreßte Stellung mit geringer Bewegungsfähigkeit, die aber recht fest und sicher ist und von Weiß nicht leicht erstürmt werden kann." Also dachte man damals noch, daß der Weiße eine solche Stellung zu erstürmen habe! Nicht erst in der Blütezeit dieser *Königsindischen Verteidigung,* also in den Jahren 1945 bis heute, waren es die schwarzen Steine, mit denen großartige Angriffssiege erfochten worden sind. Damals wurde diese Eröffnung noch als *„unregelmäßig"* bezeichnet, eine Bezeichnung, die auch heute noch für viele andere ungewöhnliche Eröffnungen angewandt wird, wie zum Beispiel 1.b3 oder 1.e4 b6, oder 1.g3 g6 usw. Während damals aber die unregelmäßigen Eröffnungen die Ausnahme bildeten, und vielleicht auch etwas geringschätzig beurteilt wurden, so sind diese Spielanfänge heute (etwa ab 1970—75) neben Sizilianisch die absoluten Favoriten! Nur heißt es im Eröffnungsindex nicht mehr „unregelmäßig", sondern *„Pirc-Verteidigung"* (1.e2—e4 d7—d6 2.d2—d4 g7—g6), oder *„Robatsch-Verteidigung"* (1.d2—d4 g7—g6 2.c2—c4 oder 2.e2—e4 Lf8—g7), aber auch *„Pirc-Ufimzew"* oder einfach *„Flankenspiel"* (in Englisch „Wing Game"). Bei 1.g2—g3 und 1.b2—b3 wird auch von „Larsen" gesprochen, weil der dänische Weltmeisterkandidat Bent Larsen es in erster Linie war, der auf dem Gebiet der Schacheröffnungen von etwa 1960 an Pionierarbeit leistete.

Seine Erfolge führten zu Nachahmungen herab bis zum letzten Klubspieler.

Neue Ideen zaghaft

Der folgende Beginn der Partie
Rotenstein—Dr. Preiswerk
Berlin 1920
zeigt uns die bekannte Behandlung der „Zentrumsvariante" der Französischen Verteidigung:

1.e2—e4	e7—e6
2.d2—d4	d7—d5
3.e4—e5	c7—c5
4.Sg1—f3	Sb8—c6
5.c2—c3	Dd8—b6
6.Lf1—d3	Lc8—d7

Richtig von Schwarz ist erst 6... cd4: 7.cd4: und dann Ld7. Auch kann Weiß 6.Le2 spielen. Hier aber wurde eine andere Fortsetzung angestrebt, die heute so gut wie verschwunden ist: 7.dc5: Lc5: 8.b4? Lf2:+ 9.Ke2. Damals vom „Bilguer" empfohlen, aber mit 9....Sb4: in der obigen Partie widerlegt, weil Schwarz drei Bauern für die Figur erhält.
Die modernen Töne klingen zaghaft an in dieser Partie

Schlage—Zander
Berlin 1920

1.e2—e4	e7—e6
2.d2—d4	d7—d5
3.e4—e5	c7—c5
4.Sg1—f3	Sb8—c6

Anmerkung im Turnierbuch: „Folgerichtiger ist 4....cd4: 5.Dd4: Sc6 6.Df4 f6". Aber heute würde man

4...cd4: mit 5.Ld3! Sc6 6.a3 erwidern.

5.d4xc5	Lf8xc5
6.Lf1—d3	Sg8—e7
7.Lc1—f4	

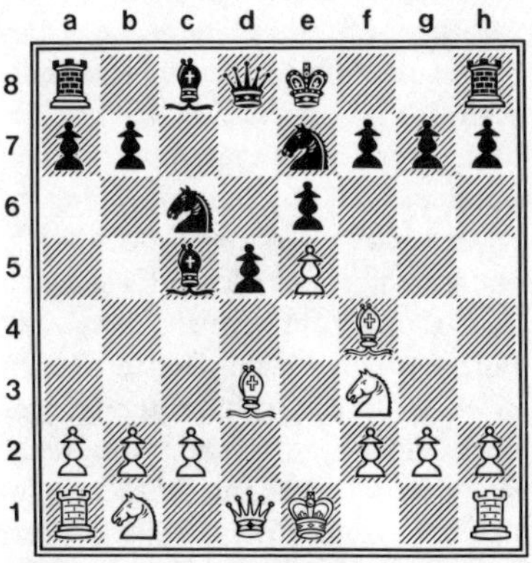

„Ein von Nimzowitsch herrührendes Bauernopfer, ganz im Stile dieses eigenartigen Meisters. Die Vorteile, die der Anziehende für den geopferten Bauern erlangt, sind zunächst wenig sichtbar“ (E. Post). Es kam aber Nimzowitsch gar nicht in erster Linie auf das Bauernopfer an (7...Db6 8.0—0 Db2: 9.Sbd2 Db6 10. Sb3 Sg6 11. Lg3 Le7 12.h4 mit Angriffsmöglichkeiten für Weiß. Die Partie endete im 42. Zug remis, nachdem Weiß durch zwei schwache Züge den Gewinn ausgelassen hatte). Der Bauernraub auf b2 hat mit der Idee von Nimzowitsch nichts zu tun: der Überdeckung des Zentrumspunktes e5.

Streik: kein Licht

Die befürchteten größeren Streiks im September 1920 in Berlin fielen zwar aus, aber die Kesselheizer in den Elektrizitätswerken streikten kurzfristig, so daß Licht, Telefon und Straßenbahn während des Turniers teilweise versagten: auch gab es einen Streik der Drucker. „Aber im heutigen Berlin sind das eben nur Kleinigkeiten, die man gern in Kauf nimmt“, meint das Turnierbuch.
Ob in der folgenden Kurzpartie auch kurzfristig das Licht ausgegangen war?

Woehl—Krusius

1.e2—e4	e7—e6
2.d2—d4	d7—d5
3.Sb1—c3	d5xe4
4.Sc3xe4	Sb8—d7
5.Sg1—f3	Lf8—e7
6.Lf1—d3	Sg8—f6
7.0—0	b7—b6
8.Sf3—e5	Lc8—b7
9.Dd1—f3!	Ta8—b8

Große Vorsicht ist für Schwarz nach dem Damenzug geboten. Auch nach dem empfohlenen Tausch 9...Se4: 10.Le4: Se5: 11.de5: Le4: 12.De4: 0—0 hat Weiß Positionsvorteil (13.Dg4! g6 14.Lh6 nebst Tad1).

10.Se4xf6+!	Le7xf6

Es geht nicht 10..Sf6: weil 11.Lb5+ die Rochade kosten würde, ein Nachteil mit Entwicklungshemmung.

11.Se5—c6

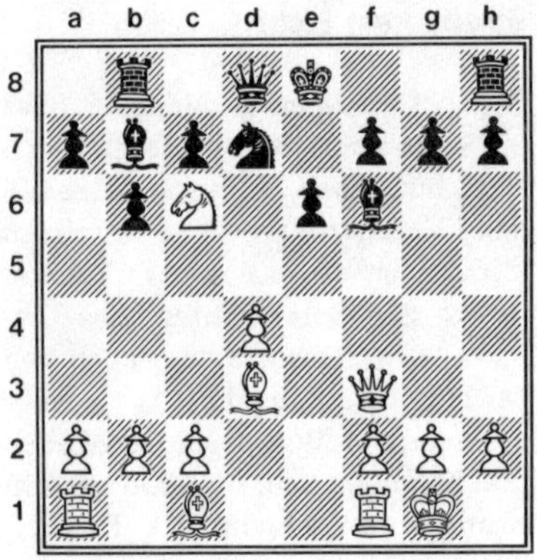

Der gute Zug stellt Schwarz vor unlösbare Aufgaben. Man sehe diese lehrbuchartigen Wendungen: a) 11...Lc6: 12.Dc6: 0—0? 13.Lb5! und Schwarz ist in Schwierigkeiten (13...a6 14.La6: Ld4: 15.Lf4 e5 16.Tad1); oder b) 11...Ld4:? 12.Le4 gewinnt; oder c) 11...De7 12.Lf4 usw.

Das erklärt, weshalb bei Schwarz gleich „das Licht ausgeht"!

11...	0—0??
12.Df3—h3	1:0

Schwarz muß sich von seiner Dame verabschieden, und damit von der Partie.

Berlin—Holland

Telegrafischer Wettkampf

Schweizer und Holländer waren es, die den Deutschen nach dem Ersten und Zweiten Weltkrieg zuerst wieder die Hand im Schachspiel und im Sport über die Grenzen reichten. Zum telegrafischen Schachwettkampf am 1. Februar 1920 gegen Berlin, zu dem die Scheveninger Schachgesellschaft eingeladen hatte, sandten die Holländer folgendes sympathische Begrüßungstelegramm: „Wir begrüßen herzlich die Berliner Schachgesellschaft und sprechen unsere Genugtuung darüber aus, daß durch den Friedensschluß die internationalen Beziehungen wieder angeknüpft werden können. Wir hoffen, daß diesem ersten Klubwettkampf noch viele andere folgen werden." Es standen sich damals in Amsterdam und Berlin an den acht Brettern auch zwei spätere Großmeister gegenüber, einer von ihnen sollte sogar Weltmeister werden: Dr. Machgielis Euwe und Fritz Sämisch (Berlin). Eine Partie aus jenem Friedenswettkampf, über Telegraf ausgetragen:

Oskam (NL)— Ahues (Berlin)

1.e2—e4	e7—e5
2.f2—f4	Lf8—c5
3.Dd1—f3	Sb8—c6
4.c2—c3?	

Der Grund zum späteren Partieverlust. Richtig war 4.fe5: Se5: 6.Dg3 usw.

4...	Dd8—e7
5.Lf1—c4	Lc5xg1
6.Th1xg1	De7—c5!
7.Df3—f1	Sg8—f6
8.b2—b4	Dc5—e7
9.b4—b5	Sc6—a5
10.Lc1—a3	d7—d6
11.Lc4—d3	b7—b6
12.Ld3—c2	Lc8—b7
13.d2—d3	0—0

14.Sb1—d2 e5xf4

15.Df1xf4 Sf6—d5

Ein unangenehmer Zug, nur möglich, weil der wK noch unrochiert in der Mitte steht.

16.Df4—g3 f7—f5!

Wenn nun 17.Lb2 dann f4! 18.Df3 Se3 19.Tc1 Dh4+ usw.

17.0—0—0 Sd5xc3

18.Td1—e1 f5—f4

19.Dg3—h3 Sc3—xb5

20.La3—b2 c7—c5

21.Sd2—f3 Sa5—c6

22.g2—g3 Sb5—d4

23.g3xf4 Tf8xf4

24Tg1xg7+ De7xg7

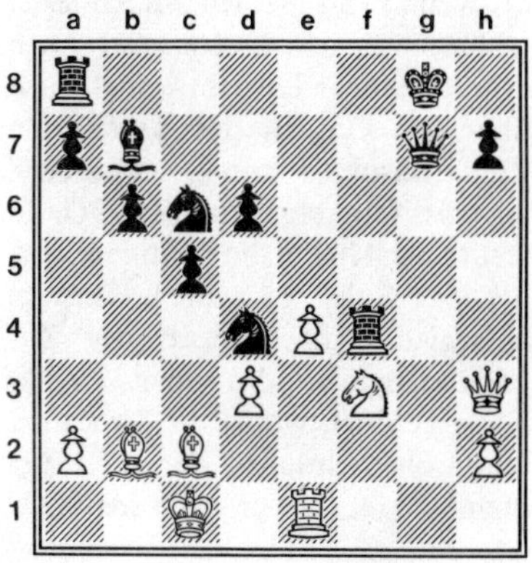

25.Te1—g1 Sd4—e2+

26.Kc1—b1 Se2xg1

Mit Angriff auf die weiße Dame.

27.Lc2—b3+ Tf4—f7

28.Dh3—d7 Sc6—e5

29.Dd7xb7 Ta8—f8 0:1

Am Ende fehlt Weiß ein Turm.

Ein Schachwunderkind tritt auf

Samuel Reshevsky

Im Januar 1920 hatte Berlin seine Sensation mit dem Auftritt des neun Jahre alten polnischen Schachwunderknaben Samuel Reshevsky. Als sechstes Kind jüdischer Eltern wurde Samuel in dem kleinen polnischen Dorf Ozierkow geboren. Der Junge lernte das Schachspiel von seinem Vater, und im Alter von fünf Jahren hatte Samuel im Dorf keine ernsten Gegner mehr. Die Familie zog 1917 nach Lodz. Über eine Simultanvorstellung des sechsjährigen Jungen im Deutschen Beamtenheim in Lodz während des Krieges berichtet ein Augenzeuge damals in der „Vossischen Zeitung“:

„Da der Kleine kaum sechs Jahre alt war und sich ganz wie andere Kinder dieses Alters gab, spielte ich zur Probe mit ihm dienstlich im Kreise einer größeren Zuschauerschar aus dem Amtshaus eine Partie Schach. Da ich als starker Spieler galt, erregte der Versuch natürlich großes Interesse. Ich faßte den Kleinen rücksichtslos an. Als das flottgeführte Spiel, bei dem der kleine Mann sich schon als Meister in der Verteidigung zeigte, auf dem Punkt stand, wo ein Kämpfer den Zug tun muß, der sein Schicksal entscheidet, kniete das Kind auf seinem Stuhl nieder, faltete die kleinen Händchen und überlegte, das Köpfchen auf die Ärmchen gestützt, einige Zeit. Dann schaute er mit seinen großen, dunklen Samtaugen, in denen die Rätsel des Orients zu spielen schienen, zu mir auf, als wenn er in meinen Augen lesen wollte, was ich dachte. Auf mein ermutigendes Lächeln ging auch über das Gesicht des Kindes ein Zug absolut reinen Lächelns, wie Frühlingssonnenschein. Dann stellte der Kleine die richtige Figur, die das Spiel zu seinen Gunsten entschied. Auf Wunsch der Zuschauer wurde das Spiel bis zu Ende geführt, wobei die Sicherheit und Folgerichtigkeit der Züge des kleinen Meisters uns alle ins Staunen setzte.

Einige Tage später spielte der Kleine im Deutschen Beamtenheim in Lodz gegen zwölf Gegner zugleich, von denen keiner siegte. Reizend war es zuzuschauen, wie der Kleine auf der Stuhlreihe hin und her trippelnd, die starken und die schwachen Gegner in seinem Benehmen behandelte. Schwache Spieler betrachtete er, nach Prüfung des Schachbretts, mit einer gewissen vorwurfsvollen Verwunderung. Köstlich war die wegwerfende Handbewegung mit dem kleinen linken Händchen, wenn er, weitergehend, andeuten wollte, daß mit einem Spieler nicht viel los war oder wenn er einem Spieler den Rest gegeben hatte. Besonders lustig war das Spiel mit einem Berliner Parlamentarier, der damals in Lodz tätig und als starker Spieler bekannt war. Die selbstbewußte Überlegenheit, mit der er sich mit dem Kleinen einließ, bekam ihm schlecht. Gewöhnlich zogen alle Spieler ihre Figuren erst nach längerer Prüfung. Unser Berliner aber zog sofort nach dem ersten Zuge des Kindes nach. Der Kleine war gerade im Begriffe, sich dem nächsten Spieler zuzuwenden. Die Bewegung des Berliners sehen, zurückkehren und in dem nun folgenden Schnellspiel seinen Gegner in fünf bis sechs Zügen zu erledigen, war eins. Prachtvoll war dabei anzusehen, wie der Kleine hierbei mit steigender Heftigkeit und Kraft, namentlich beim letzten Schlag, die Figuren setzte und sich dann mit strengem Gesicht und sprühenden Augen weiterwandte, um nun wieder ganz Kind zu werden. Dem hatte er's gezeigt! Zuletzt gab der Kleine ein Blindspiel, bei dem er allerdings zwei oder drei Fehler machte. Immerhin war seine Leistung gegen einen starken Spieler staunenswert. Ganz Kind, freute er sich am Schluß der Schokolade, mit der er beschenkt wurde."

Soweit die Schilderung des Augenzeugen. Großmeister Akiba Rubenstein spielte in Warschau mit Samuel eine Partie, gewann natürlich, sagte aber: „Eines Tages wirst du Schachweltmeister sein!" Dreißig Jahre später kämpfte Reshevsky tatsächlich um die Schachweltmeisterschaft 1948 in Amsterdam und Moskau. Sieger wurde dann Botwinnik. Aber auch danach blieb Reshevsky noch lange im Kreis der Weltmeisterkandidaten. Erst 1970, fast 60 Jahre alt, schied der Amerikaner aus dem Wettbewerb aus.

Triumphzug durch Europas Hauptstädte

Von 91 Partien, die Reshevsky als Schachwunderknabe bei den Vorstellungen in Berlin spielte, gingen nur drei verloren. Am 23. Januar und am 25. Januar spielte Reshevsky im Kerkaupalast je zwanzig Partien simultan (gleichzeitig): beidesmal mit dem Ergebnis 16 gewonnen und vier remis.

S. Reshevsky—L. Döry
Simultan mit 19 anderen Partien

Die Bildstellung wurde nach diesen Zügen erreicht: 1.e4 e5 2.f4 ef4: 3.Lc4 Le7 4.Sf3 Lh4+ 5.g3. Erstaunlich, wenn man weiß, daß der Junge bis dahin weder ein Schachbuch noch ein Bilderbuch gesehen, noch die Schule besucht hat! Erst mit zwölf Jahren kam er in Amerika in die Schule, wie Reshevsky selbst in seinem Buch „Reshevsky best games of chess" schreibt.

5... fg3: 6. 0—0 gh2:+ 7.Kh1 Sh6? (richtig d5!) 8.d4 De7 9.Lh6: gh6: 10.Se5 Lf6 11. Dh5 Tf8. Noch fünf Züge dauert es bis zum Matt (siehe Diagramm).

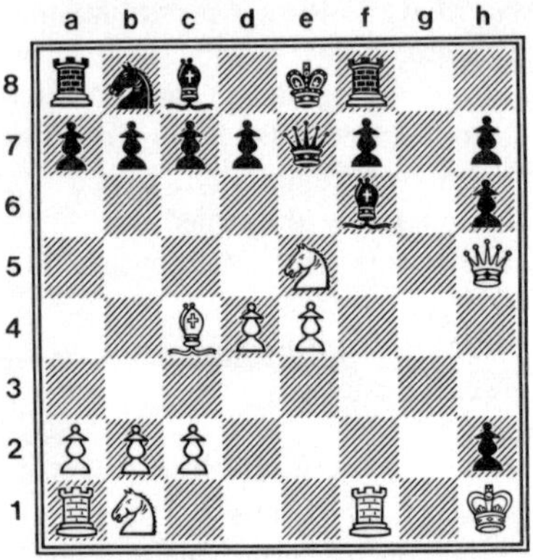

12.Se5xf7! De7xe4+
13.Kg1xh2 De4xc2+

Schwarz hat nichts Besseres, sagt Reshevsky: 13...Dg6 14.Te1+ Le7 15.Te7:+ Ke7: 16.De5+ mit Damengewinn; oder 13...d5 14.Sd6+.

14.Kh2—g3 Lf6—h4+

Verzweiflung. Wenn 14...Tg8+ 15.Sg5+ Tg6 16.Tf6: gewinnt (hg5: 17.Lf7+; oder 16...Dc4: 17. Tg6: usw.).

15.Dh5xh4 Dc2xc4
16.Dh4—d8‡

Auf seinem Triumphzug durch die europäischen Hauptstädte wurde der neunjährige Schachwunderknabe von seinen Eltern begleitet. Vorstellungen in Hamburg, Hannover, Bremen, London und Paris folgten, überall mit dem gleichen Erfolg. Die Reise ging über den großen Teich nach Amerika, denn clevere Manager hatten die Familie zu Vorstellungen eingeladen, die bis 1922 dauerten. Amerika und die Amerikaner ließen Sammy dann bis zum heutigen Tag nicht mehr los!

Durch alle Schachzeitungen der ganzen Welt ging auch diese Partie, die ebenfalls im Januar 1920 in Hannover bei der Simultanvorstellung des Schachwunderknaben an 20 Brettern gespielt wurde:

Tiefer Vorausblick

S. Reshevsky—Dr. H. Traube

1.f2—f4 e7—e6
2.g2—g3 Sg8—f6
3.Lf1—g2 d7—d5
4.Sg1—f3 Lf8—d6
5.d2—d4 Sb8—c6?

Richtig wäre c5 oder Sbd7.

6.Sf3—e5 Sc6—e7
7.Lc1—e3

„Der Zug, den ich heute spielen würde, wäre wahrscheinlich c4. Der Textzug gibt Gelegenheit zu 7...Sf5 8.Lg1 Le5: 9.fe5: Sd7 nebst f6 mit Gegenchancen für Schwarz im Zentrum."

7... c7—c6
8.a2—a3 h7—h6?
9.Sb1—d2 Sf6—d7
10.c2—c4 b7—b6

„Dies lockert seine Stellung auf der langen Diagonale in gefährlichem Maße."

11.b2—b4 f7—f6?

„In Verbindung mit seinem 8. Zug entsteht so eine Schwäche, welche die folgende Kombination ermöglicht."

12.Se5xc6! Se7xc6
13.c4xd5 e6xd5

„Oder 13...Le7 14.de6: mit Rückgewinn der Figur."

14.Lg2xd5 Lc8—b7
15.Dd1—c2!

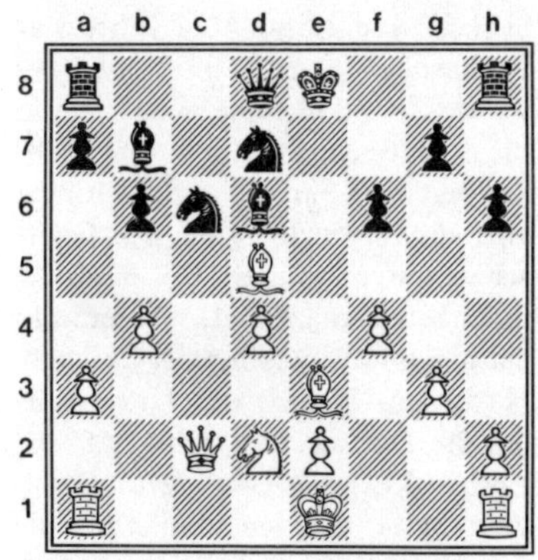

15... Ta8—c8?
16.Dc2—g6+ Ke8—f8
17.Dg6—f7‡

Im Jahre 1948 vor seinem WM-Turnier sagte der Großmeister als abschließenden Kommentar: „Die Eröffnung ist verworren, aber die Schlußkombination ist nett. Offenbar war ich in der Lage, tief in die Stellung zu blicken."

Mit zehn Jahren einen Großmeister besiegt!

„Ich hüpfte im Taxi vor Freude auf und ab!"

Ende 1922 waren die Vorstellungen in den Städten der USA beendet. Reshevsky erhielt die Einladung zu seinem ersten Turnier, die vom Internationalen Schachklub in New York ausging. Hatte der Junge bisher in den Simultanvorstellungen nur mit Spielern von etwa zweiter Klubstärke zu tun gehabt, so waren diesmal richtige Meister seine Gegner: die Großmeister E. Lasker und D. Janowski, dann die Meister Jaffe, Bernstein und Bigelow. „Nach Niederlagen gegen Lasker und Bigelow schwanden meine Hoffnungen auf den 2. Preis. Gegen Jaffe versäumte ich den Gewinn, und mit Bernstein machte ich auch nur remis. Der große Augenblick des Turniers kam für mich, als ich den berühmten Großmeister David Janowski besiegen konnte." Janowski spielte noch 1924 in dem legendären New Yorker Großmeisterturnier. Reshevsky schildert das Erlebnis seines Sieges: „Ich war außer mir vor Freude, als Janowski im 64. Zug aufgeben mußte. Schnell stürmte ich auf ein Taxi los, das mich nach Hause zu Vater und Mutter bringen sollte. Aber ich konnte nicht ruhig sitzenbleiben im Taxi. Während der ganzen Fahrt hüpfte ich in den Sitzen auf und nieder. Im Hotel angekommen, wartete ich nicht auf den Lift, sondern rannte die Treppe hinauf, um meine Eltern mit dem Satz zu überfallen: ‚Ich habe gegen Janowski gewonnen!' Dabei sang ich unaufhörlich, so daß niemand mit mir sprechen

konnte. Es war einer der glücklichsten Tage meines Lebens!"
Hier der Schlußabschnitt jener denkwürdigen Partie:

S. Reshevsky—D. Janowski
New York 1922

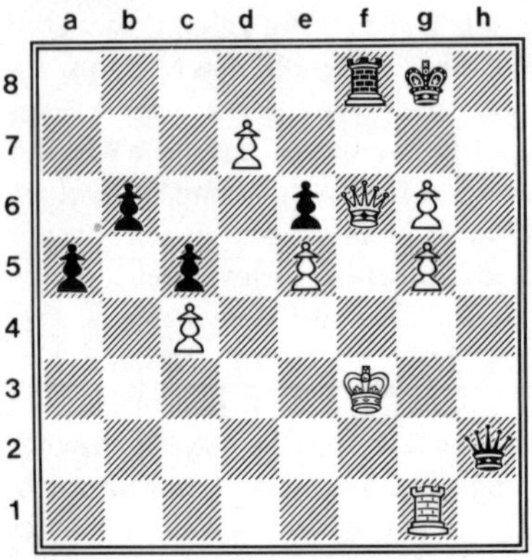

Stellung nach 55.d6—d7

55... Tf8xf6+

Janowski hatte mehrfach den Gewinn ausgelassen. Jetzt konnte er noch remis halten mit 56.ef6: Dd2 57.f7+ Kg7 58.Th1 und Schwarz müßte sich mit Dauerschach begnügen, denn 58...Dd7: 59.Th7+ Kh7: 60.f8S+! und Weiß würde gewinnen.

56.g5xf6 Dh2—d2
57.Tg1—h1 Dd2—d3+!
58.Kf3—g2 Dd3xg6+

Nun fällt dieser Bauer mit Schach, was bei 56.ef6: nicht möglich gewesen wäre.

59.Kg2—f2 Dg6—f5+
60.Kf2—g2 Df5—g4+
61.Kg2—h2 Dg4—e2+
62.Kh2—h3 De2—d3+
63.Kh3—h4 Dd3xd7
64.Th1—g1+ Kg8—f8
65.Kh4—g5 Dd7—d4
0:1

Der 54jährige frankopolnische Großmeister erklärte am Schluß: *„Der Junge hat verdient gewonnen!"* Und Sammy sprang ins Taxi! 1924 endete die Karriere als Schachwunderkind. Vier Jahre war Reshevsky bereits hier, und es wurde Zeit, daß seine Eltern ihn in die Schule schickten. Ein Privatlehrer bereitete Sammy sechs Monate vor, dann wurde er in die Oberschule aufgenommen. Der Künstler und Schachmäzen J. Rosenwald nahm Sammy zu sich nach Chikago. Nach dem Besuch der Universitäten in Detroit und Chikago, die Reshevsky 1933 erfolgreich absolviert hatte, wurden allmählich die Schachaktivitäten wieder aufgenommen. Die Rückkehr zu großen europäischen Turnieren brachte auch Reshevsky den Ruhm als Großmeister, wie seinen unsterblichen Vorgängern Morphy, Marshall und Capablanca. In Margate 1935 siegte Reshevsky vor Capablanca, den er in der persönlichen Begegnung bezwingen konnte: „Als mir der unsterbliche Capablanca im 35. Zug Remis anbot, lehnte ich ab. Ich dachte, daß ich gewinnen konnte, und ich durfte nicht hoffen, ein Großmeister zu werden, wenn ich in Gewinnstellung Remis akzeptieren würde." 1936 in Nottingham folgte der 3. Platz mit Fine und Aljechin hinter den Siegern Botwinnik und Capablanca, und 1937 in Kemeri der 1.—3. Platz (mit Flohr und Petrow) vor Aljechin und Keres.

Richard Reti

Künder der Neuen Schachideen

Der Name Reti wird im Schach für immer unvergessen bleiben, nicht weil der am 28. 5. 1889 in Peczinok in Alt-Ungarn geborene Großmeister mit besonderen Turniererfolgen in seinem kurzen Leben hervorgetreten wäre, sondern weil er im 20. Jahrhundert der Künder der Neuen Schachideen war. Das Aufkommen neuer Schachgedanken nach dem Ersten Weltkrieg hatte sich lange angebahnt, aber erst die Pioniere Reti, Nimzowitsch und Breyer waren es, die in Taten, in Wort und Schrift der neuromantischen Schachrichtung zum Durchbruch verholfen haben. Ihre Weggenossen auf dem dornenvollen Weg waren die Stürmer und Dränger Bogoljubow, Dr. Tartakower — gleich wirksam als Herold, satirischer Schachschriftsteller und Deuter der neuen Ideen, aber auch als einer der bedeutendsten Großmeister —, sowie mit einigen Abstrichen Aljechin, und als Vorläufer modernen Schachdenkens, aber ohne ideologische Ambitionen, der Praktiker Capablanca.

Mit dem Buch „Die neuen Ideen im Schachspiel“, das 1921 in Wien erschien, setzte sich Richard Reti an die Spitze der Neuromantiker. Die dargelegten Gedanken revolutionierten das bisher übliche Schachdenken. Die verkündeten Thesen wirkten auf die Schachwelt ebenso wie die 95 Thesen, die Martin Luther im Jahre 1517 in Wittenberg anschlug. Diese neuen Schachthesen lauteten etwa: Hüte dich vor selbstverständlichen Zügen! + Wichtig ist nicht die Suche nach dem besten Zug, sondern nach dem Gesamtplan + Ein Entwicklungsvorteil ist nur in offenen Positionen wichtig, nicht aber in geschlossenen Positionen + Vermeide es, dem Gegner eine Angriffsmarke (im Zentrum) zu geben + Es kann auch in der Eröffnung angebracht sein, mit derselben Figur zweimal zu ziehen + Uns Jüngere interessiert nicht die Regel, sondern die Ausnahme!

Das wurde als ein Schlag gegen die klassischen Schachauffassungen betrachtet. Die führenden Meister aber sahen die Erfolge der Jungen. Capablanca, der kommende Weltmeister, brauchte nicht erst umzulernen. Reti bekannte, daß es Capablancas Argumente gewesen seien, die ihn zu seinen „Neuen Ideen“

geführt haben. Dr. Tarrasch, der präzeptor germaniae (oder besser noch: Lehrmeister der ganzen Welt), hinter Weltmeister Emanuel Lasker bis 1920 die Nummer zwei im Turnierschach, sagte: *„Ich lerne um!“* Der ungarische Großmeister Geza Maroczy bekannte bescheiden: *„Ich lerne zu!“*

Von dem Schachdenker Reti schrieb Dr. Tartakower im Jahre 1908, als sein Schachschüler gerade 17 Jahre alt war: „Reti studiert Mathematik, ohne trockener Mathematiker zu sein; er vertritt Wien, ohne Wiener zu sein, er ist gebürtiger (Alt-)Ungar, ohne ungarisch zu sprechen, redet ungemein rasch, um desto bedächtiger zu handeln, und er wird noch der *beste Schachspieler* der Welt werden, ohne Weltmeister zu sein. Er ist eben ein forschender Künstler, der sich mehr mit dem ‚Warum?‘ der Dinge als mit deren Wesen beschäftigt.“

Wie schon mancher Schachmeister hängte auch Reti das Studium an den Nagel; er hatte eines Tages seine Diplomarbeit im Schachcafé liegenlassen und sie nicht mehr bekommen — er wollte sie nicht nochmals schreiben und sagte der Hochschule ade. Die Vergeßlichkeit Retis ist später sprichwörtlich geworden. Er ließ — so schilderte es Tartakower — alles liegen: Stock, Schirm, Handschuhe, Hut, und insbesondere seine traditionelle gelblederne Aktentasche. Ein durch sein „Positions“gefühl hervorragender Meister konnte deshalb die Formel prägen: „Wo Retis Aktentasche, dort ist er selbst nicht mehr. Sie ist ein Beweis der Präexistenz Retis.“

Zum Verständnis der Gegensätze zwischen der alten und der neuen Spielauffassung ein erstes Beispiel: In London spielte Anderssen 1862 in einem Ausgleichsturnier mit Springervorgabe gegen den schwächeren Spieler Pearson. Den für damals ungewöhnlichen Partieanfang: 1.e2—e4 Sg8—f6 kommentierte der deutsche Meister Dr. H. von Gottschall 1913 in seinem glänzenden Buch über Anderssen so: „Der entscheidende Fehlzug!“ Dieses Verdammungsurteil ist typisch für die damalige Auffassung und kommt uns heute spaßig vor. Zehn Jahre später führte Aljechin diesen Springerzug in die Turnierpraxis ein, und noch heute nimmt diese Aljechin-Verteidigung eine führende Stellung unter den Spielweisen mit Schwarz ein.

Einen ersten Anstoß zum Heraufzug der neuen Ideen erhielt Reti 1914, als Capablanca in Wien weilte. Im Wiener Schachklub wurde mit dem illustren Gast aus Kuba eine Beratungspartie arrangiert, in der sich gegenübersaßen: Folgen wir den Ausführungen Retis in seinem Buch „Die neuen Ideen im Schach“:

„Hiermit war eine Stellung erreicht, in der man die Möglichkeit hatte, eine bisher unentwickelte Figur zu entwickeln, und zwar sogar mit Angriff (14...Tfe8). Nach dem Prin-

Capablanca, Reti

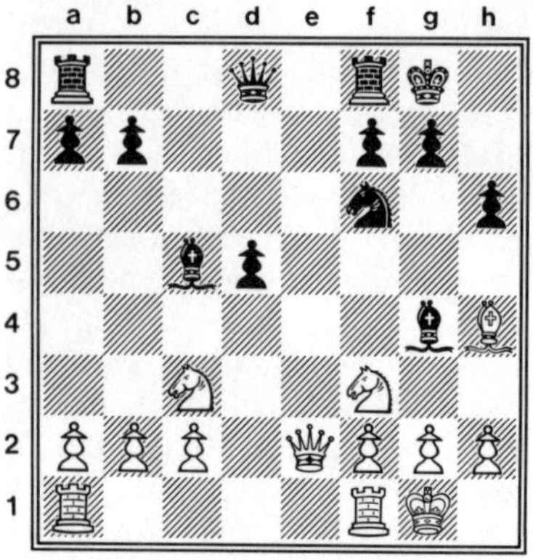

zip der damals geltenden Schachtechnik, in der ich aufgewachsen war, die für offene Positionen noch fast völlig mit Morphys Ideen übereinstimmte, hätte jeder Meister, ohne sich zu bedenken, diesen Zug gewählt. Zu meinem großen Erstaunen wollte Capablanca aber diesen Zug, den ich für selbstverständlich hielt, überhaupt nicht in Betracht ziehen. Und er fand schließlich folgendes Manöver, durch welches er mindestens eine Verschlechterung der weißen Bauernstellung und dadurch in weiterer Folge den Sieg erzwang:

14...	Lc5—d4
15.De2—d3	Ld4xc3
16.Dd3xc3	Sf6—e4!
17.Dc3—d4	g7—g5
18.Sf3—e5	Lg4—f5 usw.“

Reti schreibt weiter: „Mit dieser Partie begann für mich eine Umwälzung meiner Überzeugung von der absoluten Richtigkeit des alten Prinzips, daß man zumindest in der Eröffnung mit jedem Zug eine neue Figur entwickeln müsse. Ich studierte Capablancas Partien und erkannte, daß er im Gegensatz zu allen damaligen Meistern dieses Prinzip längst nicht mehr befolgte.“

Es kam also darauf an, in jeder Stellung einen positionsgemäßen Plan als Leitfaden zu haben. Züge, die sich diesem Prinzip nicht unterordnen, bedeuten Tempoverlust. Als Erster konnte man von Capablanca eine moderne Behandlung einer ganz bestimmten Variante der Französischen Verteidigung sehen:

Capablanca—Blanco

1.e2—e4	e7—e6
2.d2—d4	d7—d5
3.Sb1—c3	d5xe4
4.Sc3xe4	Sb8—d7
5.Sg1—f3	Sg8—f6
6.Se4xf6+	Sd7xf6
7.Sf3—e5!	

Dies war Capablancas Zug in dieser Stellung. Die einzig entwickelte Figur wird ein zweites Mal gezogen, und nicht schematisch mit 7.Ld3 eine neue Figur entwickelt.

Der Sinn des Zuges besteht vor allem darin, daß nun 7...b6 vorteilhaft mit 8.Lb5+ beantwortet werden könnte.

Lange Zeit glaubte man jedoch, daß Capablancas Zug 7.Se5 mit Spielmanns Zug 7...Dd5 entkräftet werden könnte. Erst in ganz neuer

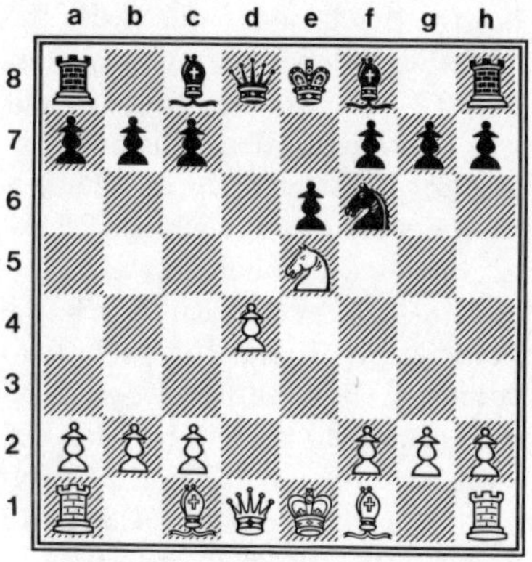

Zeit wurde festgestellt, daß der einfache Zug 8.Le2 den Zug Spielmanns widerlegt. Schwarz darf nämlich das Bauernopfer 8...Dg2: nicht annehmen wegen 9.Lf3 Dh3 10.Dd3! und infolge der Doppeldrohung Lc6+ oder Db5+ gelangt Weiß in Vorteil. Nach Jahrzehnten erfährt also ein Gedanke Capablancas noch die Bestätigung der Richtigkeit.

Schwarz spielte also besser 8...c5 9.Le3 cd4: 10.Dd4: Ld6 11.Sc4 Dazu Keres: Weiß ist besser entwickelt und steht freier.

Ein als klassisch geltendes Beispiel aus der Eröffnung heraus zeigte Reti:

Reti—Amateur

1.e2—e4	e7—e5
2.Sg1—f3	Sb8—c6
3.Sb1—c3	Lf8—c5
4.Sf3xe5	Sc6xe5
5.d2—d4	Lc5xd4
6.Dd1xd4	Dd8—f6

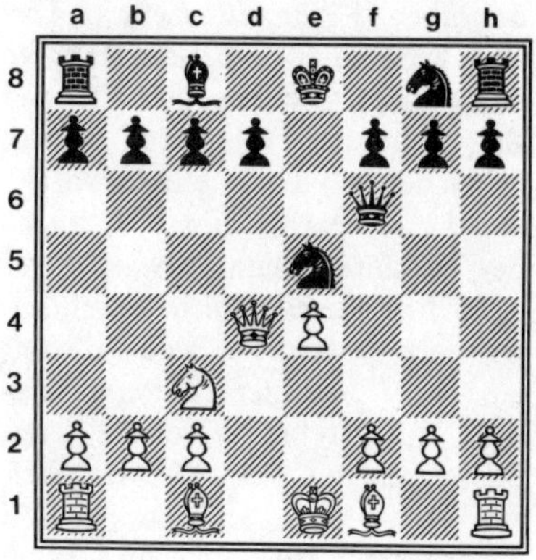

Davon abgesehen, daß die Position von Schwarz bereits zweitklassig beurteilt werden muß (Weiß mit Zentrumsbauer e4, einen Zug in der Entwicklung voraus, Läuferpaar gegen L/S), war der „regelrechte" Zug, den Amateure in dieser vielgespielten Variante anwandten: 7.Lc1—e3. Ein Zug, der alle Anforderungen logischen Schachdenkens entspricht wie: Entwicklung einer neuen Figur zur Parade der Drohung, Vorbereitung der Vollentwicklung mit langer Rochade. Doch Reti: „Damit hätte ich nur einen geringen Positionsvorteil behalten. Nachdem ich Capablancas Technik studiert hatte, zog ich

7.Sc3—b5!	Ke8—d8
8.Dd4—c5	1:0".

Wegen der Doppeldrohung auf c7 und f8 mußte Schwarz aufgeben (8.Se7 9.Dc7:+ Ke8 10.Sd6+ Kf8 11.Dd8╪). Weiß verstieß gegen ein eisernes Prinzip, das forderte, in der Eröffnung nicht zweimal mit derselben Figur zu ziehen. Das neue Schachdenken hat die Barriere durchstoßen und den „unlogischen“ Zug ermöglicht (der noch stärker ist als der konventionelle es war).

Der Leser beachte dieses Detail zu der Variante: Wenn Schwarz 7...a7—a6?! spielt, bitte nicht hereinfallen nach 8.Sb5xc7+ Ke8—d8 mit 9.Sc7xa8??, weil jetzt die ursprünglich aufgestellte Drohung des Schwarzen mit Se5—f3+ der weißen Dame „den Stuhl wegzieht“! Richtig ist 9.Dd4—c3! und Weiß behält seinen Mehrbauern bei überlegener Stellung (9...Sf3+ 10.Df3: Df3: 11.gf3: Kc7: 12.Lf4+ nebst 0—0—0).

Die moderne Schachauffassung der Zwanziger Jahre räumte auch mit der Forderung auf, man müsse in der Eröffnung danach trachten, das Zentrum mit Bauern zu besetzen. Idealfall etwa, je mehr Bauern man im Zentrum behaupten kann, um so größer der Positionsvorteil.

Indirekte Zentrumskontrolle

Die Indischen Systeme

Der Name ist Schall und Rauch: Königsindisch, Nimzowitsch-Indisch, Damenindisch, Grünfeld-Indisch. Diese modernen Verteidigungen, alle nach dem Jahre 1920 etabliert, freilich schon in früheren Jahrzehnten sporadisch angewandt, haben zum Ziel, das Zentrum nicht direkt, sondern *indirekt* zu kontrollieren. Die Zentralfelder e4/d4, e5/d5 werden also nicht direkt mit Bauern besetzt oder durch die danebenliegenden Bauern angegriffen, (wie c2—c4, c7—c5) sondern nur von Figuren aus der Basis her kontrolliert. Das kann durch Flankierung der Läufer wie g2—g3/Lf1—g2, entsprechend bei Schwarz g7—g6/Lf8—g7, aber auch durch die Flankierung (Fianchetto sagte man früher, z. B. Fianchetto del re = Königsindisch) mittels b2—b3/Lc1—b2 und b7—b6/Lc8—b7 erfolgen. Die Springerzüge 1.Sg1—f3 und 1...Sg8—f6 leiten in der Regel die „Indischen“ Systeme ein.

Bereits 1840 fand die Schachforschung, daß schon indische Brahmanen den Zug 1....Sg8—f6 gespielt haben. Dieser erste Zug von Schwarz wurde später dann von den Meistern Louis Paulsen und Tschigorin aufgenommen. Doch erst die hypermodernen Meister Reti, Nimzowitsch, Aljechin, Bogoljubow, Breyer und Dr. Tartakower bauten diese indischen Eröffnungssysteme zu Standardspielweisen aus. Es wurden darüber keine großen Abhandlungen geschrieben, sondern die führenden Großmeister spielten einfach diese Eröffnungen (auch Bogoljubow-Indisch, Altindisch kamen dazu), und das Schachpublikum nahm sie ebenfalls in sein Repertoire auf.

Königsindisch

Die Grundzüge dieser Eröffnung sind: 1.d4 Sf6 2.c4 g6 3.Sc3 Lg7 4.e4 d6

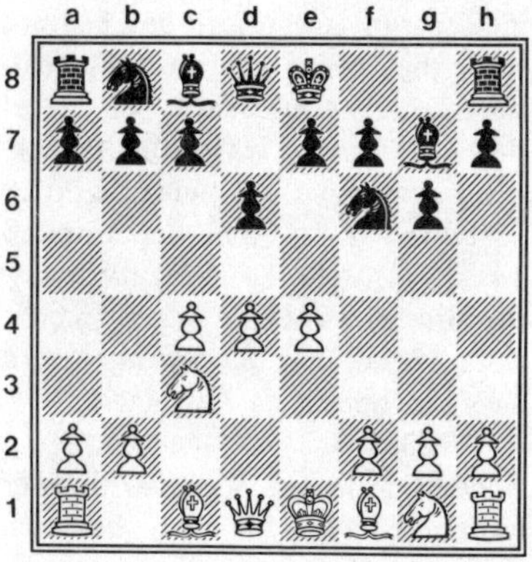

Schwarz hätte ebensogut mit 4...0—0 rochieren können, ohne den Vorstoß 5.e5 fürchten zu müssen. Gerade an diesem Beispiel könnte dem unerfahrenen Schachspieler demonstriert werden, wie anfällig das weiße Zentrum wird und wie es dem Gegner die willkommene Angriffsbasis gibt:
4...0—0 5.e5? Se8 6.f4 d6 7.Sf3 Sbd7 8.Le2 c5! mit Sprengung des weißen Zentrums.
In der Bildstellung stehen Weiß zahlreiche gleichwertige Fortsetzungen zur Verfügung — dem Schwarzen natürlich ebenso, wenn er sich auch als Nachziehender mit seinem Gegenspiel an der weißen Variante orientieren muß.
Andere Indische Eröffnungen, von Weiß oder von Schwarz her bezeichnet: *Königsindisch im Anzug* 1.Sf3 Sf6 2.g3 g6 3.Lg2 Lg7 4.0—0 0—0 und jetzt 5.d4 oder 5.c4 oder 5.d3; *Damenindisch* als Schwarzer nach 1.Sf3 Sf6 2.d4 e6 3.c4 b6 4.g3 Lb7 5.Lg2 Le7 6.0—0 0—0 7.Sc3 Se4; oder mit Schwarz *Nimzowitsch-Indisch* 1.d4 Sf6 2.c4 e6 3.Sc3 Lb4! usw. Es ist üblich, bei Schwarz von „Verteidigung" zu sprechen, bei Weiß von „Angriff", also z. B. 1.d4 Sf6 2.c4 e6 3.Sf3 d5 4.g3 Le7 5.Lg2 0—0 6.0—0 vom „Katalanischen Angriff" (aber auch einfach Katalanisch).
Retis eigene Eröffnung aber trägt bis heute seinen Namen, obwohl sie aus dem Zug 1.Sg1—f3 entstanden ist, den der geniale englische Meister Zukertort im 19. Jahrhundert eingeführt hatte. Und so wird heute noch in manchen Schachbüchern von „Zukertort-Eröffnung" gesprochen. Richard Reti aber erweiterte die Entfaltung der weißen Partieanlage mit dem Zug 2.c2—c4 und meistens 3.g2—g3. Schon in den frühen Zwanziger Jahren erfocht der feinsinnige Meister damit großartige Erfolge gegen die allerersten Meister jener Tage.

Erste Niederlage nach 8 Jahren

R. Reti—J. Capablanca
New York 1924

Der Weltmeister hatte in den ersten vier Runden nur vier Unentschieden erzielt, und so warteten seine Anhänger endlich auf den ersten Sieg; vielleicht heute in der 5. Runde gegen Reti?

1.Sg1—f3	Sg8—f6
2.c2—c4	g7—g6
3.b2—b4	Lf8—g7

4.Lc1—b2 0—0
5.g2—g3 b7—b6

Im Volksmund werden die beiderseitigen Flankierungen auch als Doppellocheröffnungen bezeichnet (jede Seite spielt „Doppelloch").

6.Lf1—g2 Lc8—b7
7.0—0 d7—d6
8.d2—d3 Sb8—d7
9.Sb1—d2 e7—e5
10.Dd1—c2 Tf8—e8
11.Tf1—d1 a7—a5
12.a2—a3 h7—h6
13.Sd2—f1 c7—c5
14.b4—b5 Sd7—f8
15.e2—e3 Dd8—c7
16.d3—d4 Lb7—e4

Einige Bemerkungen zu den bisherigen Zügen: Capablanca hat das Spiel vom 9. Zug an ausgeglichen. Die Drohung Se5: muß im Auge behalten werden, aber gleich 10. Se5:? Lg2: 11.Sd7: Lf1: 12.Sf6:+ Lf6: 13.Lf6: Df6: 14.Sf1: würde Weiß die Qualität kosten. Zum Zug 12...h6 bemerkt Tartakower: „Kein Verlegenheits- sondern Abwartezug, wie ihn der Weltmeister sehr gerne anwendet. Zweckmäßiger war vielleicht sofort 12..c5." Aljechin dagegen tadelt den Zug im Turnierbuch: „Dieser Zug ist schwer zu verstehen und der beste Beweis dafür, daß der Champion einen schwachen Tag erwischt hat. Soll das Springermanöver Sh7—f8 oder Sg5 beabsichtigt sein? Auf jeden Fall wird die Königsstellung geschwächt." Zu 15.e3 erläutert Tartakower: „Nachdem sich Schwarz mit seinem 9. und 13. Zug im Zentrum ‚festgelegt' hat, beginnt nun die prinzipientreue Aufrollungsarbeit von Weiß: e3 nebst d4. Zu armselig wäre die Absperrungsstrategie 15.e5 nebst Se3/d5." Aljechin erklärt, daß der Vorstoß 14...d5 (anstelle 14...Sf8) nicht ratsam für Schwarz war wegen 15.cd5: Sd5: 16.Sd2 und der Springer wird sich günstig auf c4 festsetzen.

17.Dc2—c3

Sowohl Aljechin wie Tartakower halten 17.Dc1 für den besseren Zug.

17... e5xd4
18.e3xd4 Sf6—d7

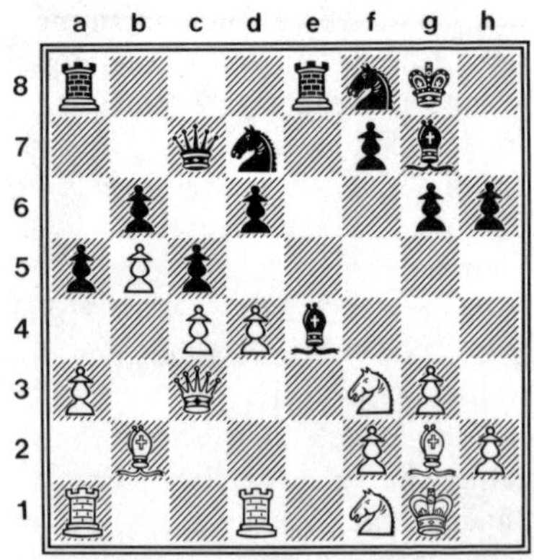

Weder Aljechin im Turnierbuch noch Tartakower in der „Hypermodernen Schachpartie" setzen zu dem Zug ein Fragezeichen, tadeln ihn aber dennoch. Capablanca habe sich verrechnet und wohl das Schachgebot der wD im 22. Zug übersehen. Der richtige Zug war 18...Se6 19.Dc1 noch immer mit kompliziertem Spiel.

19.Dc3—d2! c5xd4
20.Lb2xd4 Dc7xc4
21.Ld4xg7 Kg8xg7
22.Dd2—b2+!

Nicht 22.Dd6:? Db5: =

22... Kg7—g8
23.Td2xd6 Dc4—c5
24.Ta1—d1 Ta8—a7
25.Sf1—e3 Dc5—h5

Es drohte Sg4, was aber besser mit 25...h5 verteidigt werden konnte.

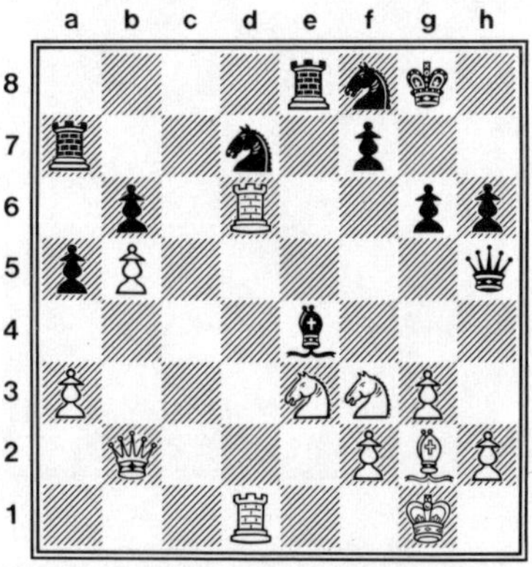

In dieser Stellung widersteht Reti der Verführung zum Damenfang mit 26.T1d5 Ld5: 27.g4 Lf3: 28. gh5: Lh5: mit guten Verteidigungschancen für Schwarz.

26.Sf3—d4!

Die Partie zwischen dem Weltmeister, der seit acht Jahren keine Partie mehr verloren hatte, war im Luxushotel Alamac in New York von Zuschauern umlagert. Nach diesem Zug lag eine Sensation in der Luft.

26... Le4xg2
27.Kg1xg2 Dh5—e5

Die beste Parade bestand in 27... Se5!, worauf Weiß am besten mit 28.De2 das vorteilhafte Endspiel angesteuert hätte.

28.Se3—c4 De5—c5
29.Sd4—c6 Ta7—c7
30.Sc4—e3 Sd7—e5

Die Aufregung im Turniersaal war ungeheuer. „Reti gewinnt gegen Capablanca!“, das war der Ruf, den alle auf den Lippen hatten, schildert Aljechin die Situation.

31.Td1—d5! 1:0

Es könnte folgen 31....Sc4 32.Td5: Sb2: 33.Tc2 Sa4 34.Sd5 mit den Drohungen Sf6+ und Sc7.

Die Sensation war perfekt. In Windeseile wurde die Nachricht von der Niederlage des Weltmeisters, der ersten seit acht Jahren, bis in die entlegensten Gebiete der Erde gekabelt. „Richard Reti war der Held des Tages“, schreibt Aljechin im Turnierbuch, und „Natürlich, es war eine Reti-Eröffnung.“ Und der geschlagene Weltmeister? Wie immer, gab Capablanca lächelnd auch diese Partie auf und gratulierte dem Gegner zum Gewinn. Er war einer der wenigen Meister der Schachgeschichte, die Siege und Niederlagen gleich gelassen hinnahmen.

Die Modernen vertraten mit ihrer These die Ansicht, die auch heute noch gültig ist: Schwarz soll in der Eröffnung nach 1.Sf3 Sf6 2.c4 nicht mit 2...d6 3.g3 e5 dem Weißen die „Angriffsmarke“ zu späterem d4 bieten, was oftmals schon den Sieg bedeute. Dr. Tartakower aber, der Schachrealist, der Pessimist, zugleich aber auch der Bannerträger der neuen Schachideen seiner Mitstreiter, sagt: „Der Hypermoderne glaubt zwar im Weltall zu manövrieren; für das auf 64 Felder beschränkte Schachbrett ist jedoch auch die ‚verknöcherte Zentrumslehre', wie es Nimzowitsch ausdrückt, sehr wirksam."

Das ist auch der Grund, weshalb Richard Reti viele seiner schönsten Partien im bewährten klassischen Zentrumsstil zu gewinnen pflegte.

Schlußzug mit Schönheitspreis

R. Reti—E. Bogoljubow
New York 1924

1.Sg1—f3 Sg8—f6
2.c2—c4 e7—e6
3.g2—g3 d7—d5
4.Lf1—g2 Lf8—d6

Das Herausschlagen auf c4 ist spielbar (5.Da4+ oder Se5), aber Schwarz möchte das Zentrum behaupten so lange es geht.

5.0—0 0—0
6.b2—b3 Tf8—e8
7.Lc1—b2 Sb8—d7
8.d2—d4!

Ein Merkmal vieler zeitgemäßer Eröffnungen ist, daß das Vorrücken im Zentrum erst nach dem rückwärtigen Aufmarsch erfolgt.

8... c7—c6
9.Sb1—d2 Sf6—e4
10.Sd2xe4 d5xe4
11.Sf3—e5 f7—f5
12.f2—f3 e4xf3
13.Lg2xf3! Dd8—c7
14.Se5xd7 Lc8xd7
15.e2—e4 e6—e5
16.c4—c5 Ld6—f8
17.Dd1—c2!

Unmerklich, aber unaufhaltsam reihen sich die kleinen Drohungen zum Vorteil bei Weiß an. Die Bauern f5 und e5 sind angegriffen.

17... e5xd4
18.e4xf5!

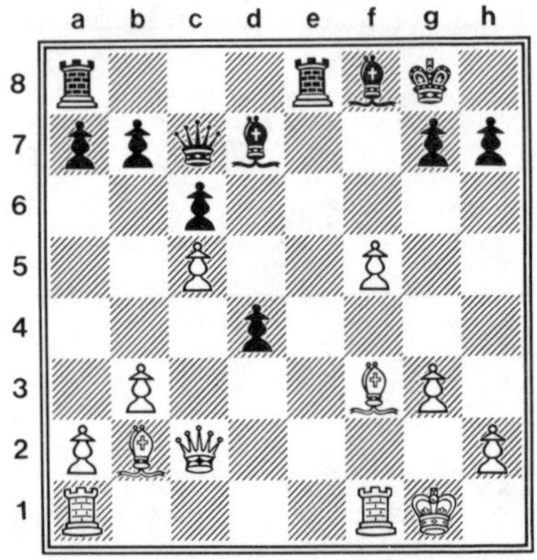

Die *Kunstgriffe des Positionsspiels* sind nach Meinung von Nimzowitsch, dem anderen Lehrmeister der Modernen, von jedermann zu erlernen: „Der moderne Meister kennt keine Geheimniskrämerei!" Zur Bildstellung kommentiert Tartakower die Situation: „Neuromantik: Weiß hat im Zentrum nach anfänglichem Zögern großzügige Aufräumungsarbeit verrichtet und diktiert die Ereignisse." Schlüsselzüge des Stellungsspiels waren 1. der unvermeidliche Abtausch des „ewigen" Se5, 2. die Aufrollung f2—f3, und 3. das Nehmen auf f3 mit dem Läufer, um 4. den zerstörenden Rammstoß e2—e4 gegen die Mitte führen zu können. Das weiße Läuferpaar braucht nämlich offene Linien, um im Zusammenspiel mit den Türmen die Königsstellung attackieren zu können.

18...	Ta8—d8
19.Lf3—h5	Te8—e5
20.Lb2xd4	Te5xf5
21.Tf1xf5	Ld7xf5
22.Dc2xf5	Td8xd4

Ja, wenn nicht der einfache nächste Zug von Weiß wäre:

23.Ta1—f1

Danach ist Schwarz sofort verloren; es geht nicht Td5 wegen Lf7+, aber auch 23...Le7 scheitert an 24. Df7+ samt matt in 2 Zügen. Das Motiv des schönen Schlußzuges klingt an bei 23...De7 24.Lf7+ Kh8 25.Ld5!! mit Mattdrohung auf der Grundlinie.

23...	Td4—d8
24.Lh5—f7+	Kg8—h8
25.Lf7—e8!!	

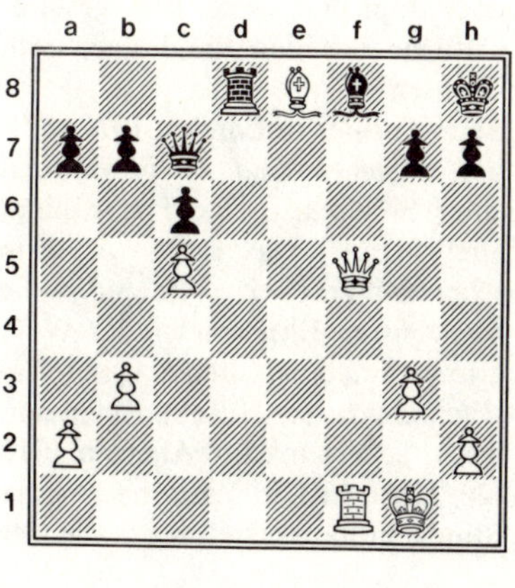

1:0 Der wunderschöne Schlußzug! Vor allem wegen dieses Zuges erhielt diese Partie den 1. Schönheitspreis (ein Silberpokal und 75 $ in Gold).
Schwarz kann das Matt in wenigen Zügen auf keine Weise verhindern und es ist eigentlich falsch, wenn Aljechin im Turnierbuch bemerkt „Nach 25...Lc5:+ verliert Schwarz zuletzt den Läufer." Richtig ist, daß auch dann das Matt in wenigen Zügen unabwendbar ist: 25.Dc5: (droht Df8⧺, woran auch Te8: nichts ändern würde) h5 (am besten, denn bei 25...h6 26.Df8+ Kh7 27.Lg6+ Kg6 schon 28.Df5⧺) 26. Dh5:+ Kg8 27.Lf7+ und nur das Damenopfer auf f7 kann das Matt noch um einige Züge hinausziehen. Aljechin bezeichnete es als eine epochemachende Partie im Sinne der hypermodernen Schachschule.

Das diagonale Wunder

Endspielstudie, dem Andenken von G. Breyer 1921 † gewidmet.
Der weiße Freibauer auf c6 wird vom schwarzen König leicht gehalten, kann also keine Gefahr bilden. Wie soll denn der weiße König das Kunststück fertigbringen und den schon zwei Schritte vorausmarschierenden Freibauern h5 noch einholen? Reti hat viele schöne Endspielstudien verfaßt und galt daher auch in der praktischen Partie als Endspielkünstler. Diese Studie aber in ihrer Einfachheit bleibt unsterblich:

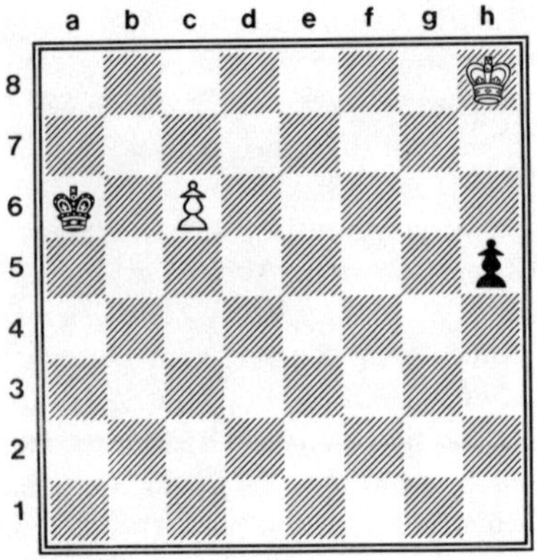

(Kagans N. Schachnachr. 1922)
Weiß am Zug hält Remis!

1.Kh8—g7	h5—h4
2.Kg7—f6	h4—h3
3.Kf6—e6	h3—h2
4.c6—c7	Ka6—b7
5.Ke6—d7	remis!

Oder Schwarz spielt statt 2...h3

2...	Ka6—b6
3.Kf6—e5!	

Das diagonale Wunder bahnt sich an: Weiß droht a) mit 4.Kd6 seinen Freibauern ebenfalls zur Umwandlung zu führen, und b) mit Kf4 noch ins „Quadrat“ des sBh4 zu gelangen.

3...	Kb6xc6
4.Ke5f4	h4—h3
5.Kf4—g3	

Und über den Umweg der Diagonale h8—e5 hat der König das Kunststück fertiggebracht, den schon enteilten Freibauern in letzter Sekunde noch zu stoppen. „Erinnert an die Quadratur des Zirkels!“ ruft Tartakower bewundernd aus.

Reti, der geniale Blindspieler

Sein früher Tod

Die großen Meister der Zwanziger Jahre reisten zwischen Berlin, Paris, London, New York, Wien und Südamerika hin und her. Reti ließ sich in Brasilien nieder. In São Paulo stellte er einen Weltrekord im Blindsimultanspiel auf. Er spielte an 29 Brettern mit dem Ergebnis + 21, = 6, — 2. Erst 1933 erhöhte Aljechin in Chikago auf 32 Partien (in $12^1/_2$ Std. + 19, = 9, —4). Wie schon bei Morphy und Pillsbury vermutet nahm auch Reti gesundheitlichen Schaden durch das Blindsimultanspiel, aber die Großen in dieser Kunst — Aljechin, Reti, Breyer, Sämisch — verdienten für jene Zeit fürstliche Honorare. Aljechin erhielt in Chikago damals 2000 Dollar. In der Sowjetunion ist das Blindspielen staatlich verboten worden, nachdem wissenschaftliche Forschungen ergeben hatten, daß das Gehirn beim Blindspiel überstrapaziert wird und gesundheitliche Schäden die Folgen sein könnten.

Beim Turnier in London 1922 wollten Aljechin und Reti während einer Spielpause eine Partie blind analysieren. Da sagte Aljechin scherzend zu Reti: „Wir sind ja die zwei besten Blindspieler der Welt, also nehmen wir lieber unser Taschenschach zu Hilfe!“ Einen anderen Scherz machte Aljechin 1912 (20 Jahre alt) in Paris nach einer Blindsimultanvorstellung, die er glänzend mit $11^{1}/_{2}:{}^{1}/_{2}$ absolviert hatte. Am Schluß der Vorstellung im „Cercle Philidor" bat er einen Zuschauer um eine Zigarette: „Nehmen Sie es mir bitte nicht übel, aber ich habe ein so schrecklich schwaches Gedächtnis! Ich habe schon wieder meine Zigarettentasche zu Hause vergessen!"

Retis früher Tod

Reti kehrte aus Brasilien als kranker Mann 1929 in seine Heimat zurück, erst 40 Jahre alt. Gerade hatte er sein schönes Buch beendet, „Die Meister des Schachbretts", da starb er am 6. Juni 1929 in Prag an Scharlach. „Reti ist der einzige Meister, dessen Züge mir oft ganz unerwartet kamen", bekannte Großmeister J. Mieses. Ebenso unerwartet mag einst auch seinem Gegner in einer freien Partie dieses unsterbliche Damenopfer gekommen sein:

R. Reti—Dr. S. Tartakower

1.e2—e4	c7—c6
2.d2—d4	d7—d5
3.Sb1—c3	d5xe4
4.Sc3xe4	Sg8—f6
5.Dd1—d3	e7—e5
6.d4xe5	Dd8—a5+
7.Lc1—d2	Da5xe5

Die Sache scheint, oberflächlich betrachtet, freundlich für Schwarz auszusehen. Weiß muß sich um den gefesselten Se4 bemühen — oder nicht?

8.0—0—0!

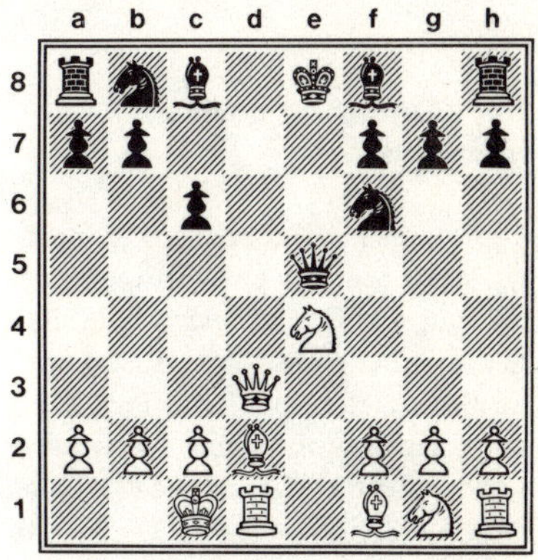

Nimmt die Dame auf e4, geht sie durch die Fesselung Te1 verloren. Mit diesem Fesselungszug rechnete Schwarz auch bei seinem nächsten Zug; er wollte dann einfach mit Le7 nebst Dc7 und 0—0 die Figur zurückgeben. Aber es folgt ein Donnerschlag ins Brett hinein:

8...	Sf6xe4
9.Dd3—d8+!!	Ke8xd8
10.Ld2—g5++	Kd8—c7
11.Lg5—d8‡	

(Oder 10...Ke8 11. Td8‡). Die unsterbliche Kurzpartie Retis!

Guyla Breyer und die strategischen Rückzüge

Der „Fortschritt nach rückwärts"?

Die modernen Schachdenker machten auch vor der ehrwürdigen Spanischen Eröffnung nicht halt. Seit der spanische Geistliche Ruy Lopez de Segura die Spanische Partie mit den Eröffnungszügen im Jahre 1566 einführte: 1.e2—e4 e7—e5 2.Sg1—f3 Sb8—c6 3.Lf1—b5, gilt diese Spielweise bis zum heutigen Tag für eine der nachhaltigsten Eröffnungen. Es war die erste moderne Eröffnung, denn die strategischen Ziele der Eröffnung bleiben verschleiert — es droht ja keineswegs 4.Lb5xc6 d7xc6 8.Sf3xe5, denn nach 8...Dd8—d4 9.Se5—f3 Dd4xe4+ wäre der Anzugsvorteil auf Schwarz übergegangen. Weiß verfolgt vielmehr eine dynamische Aufspeicherungsstrategie, der Königsläufer wird nicht abgetauscht, ein leichter indirekter Druck gegen den schwarzen Be5 bleibt bestehen. So wird seit den Zeiten des russischen Meisters Michael Tschigorin für Schwarz die bekannte „Tschigorin-Verteidigung" angewandt:

1.e4 e5 2.Sf3 Sc6 3.Lb5 a6 4.La4 Sf6 5.0—0 6. Te1 b5 7. Lb3 d6 8. c3 0—0 9. h3 Sa5 10. Lc2 c5 11.d4 Dc7

Die Tschigorin-Verteidigung

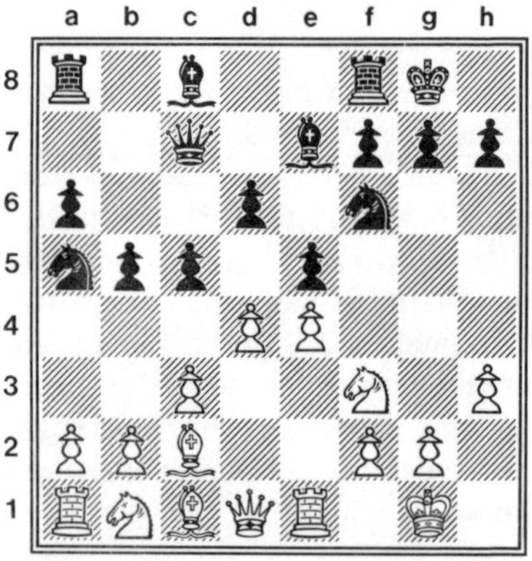

Wie diese schwarze Aufstellung heute gespielt wird — also Tschigorins Verteidigung der Spanischen Partie —, zeigt die Partie von Weltmeister Anatoli Karpow, gespielt mit Schwarz in Hastings 1972 gegen Ciocaltea (Rumänien) mit Weiß:

12.Sbd2 Sc6 13.dc5: dc5: Die Alternative ist die Herbeiführung einer geschlossenen Stellung mit 13.d5 Sa5 14.b3 Ld7 15.Sf1 Tfb8 (als Beispiel Kusmin—Awerbach, SU 1974), oder der Tausch 13.de5:

de5:, der zur Partiefortsetzung führt. 14.Sf1 Le6 15.Se3 Tad8 16. De2 c4 17. Sf5 Lf5: 18.ef5: h6! 19.Sd2 Tfe8 20.Se4 Sb8! 21. a4 Sbd7! 22. ab5: ab5: 23. Le3 Se4: 24. Le4: Sc5 25.Lc5: Lc5: 26. Ted1 Lb6 27. g3 Dc5 remis.

Der ungarische Meister Julius (Guyla) Breyer frappierte 1920 die Schachwelt mit einem damals als ausgefallenen Gedanken angesehenen Rückzug:

9... Sc6—b8!

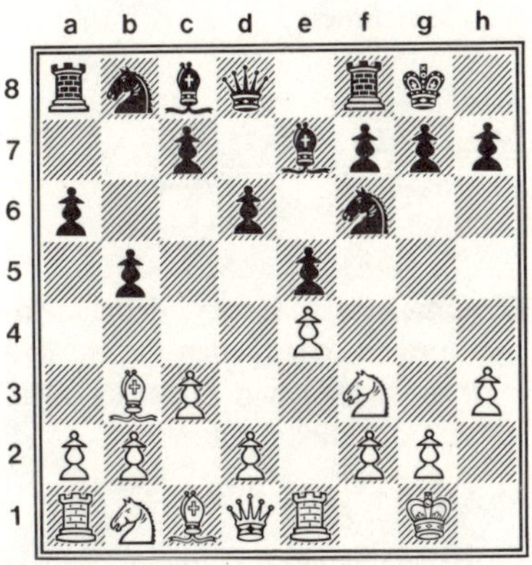

Fortschritt nach „rückwärts"?

Das unverständige Schachpublikum verlachte diese neue Idee als einen „Fortschritt nach rückwärts". Nach 50 Jahren zählte diese Verteidigung zu den beliebtesten in der Spanischen Partie! Sehen wir die letzte Version vom Schachkongreß Hastings 1974:

M. Tal—S. Gligoric

10.d4 Sbd7. Das ist die Idee! Der Springer geht nach b8 zurück, um einmal den c-Bauern für den möglichen Vorstoß c5 freizumachen, und um auf den Vorstoß von Weiß nach d4 elastisch mit dem Eingreifen des Damenspringers auf d7 den Be5 decken zu können.

11.Sbd2

Andere Züge für Weiß sind 11.Sh4; 11. Lg5; 11c4, und 11a4.

In unserer Partie folgte ....Lb7 12.Lc2 c5 13.Sf1 (13.d5 g6!) Te8 14.Sg3 (oder 14.d5 g6 15.b3 Sb6) 14...Lf8 15.d5 g6 16.b3 Sb6 17.De2 a5! 18.c4 (nicht 18.Db5:? La6!) 18...b4 19.a4 Lg7 20.Le3 Sbd7 21.Dd2 De7 22. Sh4 Kh8 23.Lg5 Df8 24.Tf1 Sg8 25.Tae1 Remis.

Breyer gewann 1920 in Berlin das Internationale Meisterturnier, bei dem die junge Generation die älteren Meister überflügelte: 1. Breyer $6^{1}/_{2}$, 2.—3. Bogoljubow, Dr. Tartakower je $5^{1}/_{2}$, 4. Reti 5, 5.—7. Maroczy, Tarrasch, Mieses je $4^{1}/_{2}$, 8. Sämisch $3^{1}/_{2}$, 9. Leonhardt 3, 10. Spielmann $2^{1}/_{2}$ Punkte.

Als Breyer ein Jahr später in Wien hinter Sämisch und Euwe Dritter wurde, beschrieb Dr. Tartakower den originellen Stil des ungarischen Meisters so: „Breyer ist ein wahres Genie mit futuristischem Anstrich. Wir glauben nicht, daß in diesem Turnier noch ein zweiter Meister eine so riesenhafte geistige Arbeit geleistet hat. Er ist überzeugt, daß er jede Partie gewinnen muß, daraus lassen sich seine originellen Züge erklären, und dem Umstand hat er es zu verdanken, daß sich in dem futuristischen Rummel seiner Figuren kein anderer zurechtfindet.

Wenn zwei Wege zum Ziel führen: die breite, bequeme Landstraße und der ermüdende, gefahrvolle Steig — so wählt Breyer mit Bestimmtheit den letzteren. Er ist Meister durch und durch, dem nur spät erst zum Bewußtsein kommt, daß er zu viel opfert, um zu spielen.“

Die in Europa aufziehende Inflation brachte es mit sich, daß Schachturniere nur unter großen Opfern aufzuziehen waren. Vom Wiener Turnier heißt es in „Kagans Neuesten Schachnachrichten“ 1921: „Die 50 000 schwedischen Kronen der Göteborger Mäzenen (im Jahr 1920) oder die 30 000 Mark des Kaganschen Verlags sind mit den 50 000 österreichischen Kronen des Wiener Schachklubs nicht zu vergleichen. Der Versuch hat bewiesen, daß in Ländern mit schlechter Valuta Turniere nur in dem Falle veranstaltet werden können, wenn die Preise durch Umrechnung die Höhe der Friedenszeiten erreichen. Die meisten der in Wien weilenden Meister waren gezwungen, auf das Mitwirken zu verzichten, weil bei den jetzigen Wiener Preisverhältnissen sogar der erste Preis von 20 000 österreichischen Kronen die Auslagen eines dreiwöchigen Aufenthaltes in Wien nicht gedeckt hätten. Das Leben erheischt heutzutage gesteigertes Erwerben, und daher erklärt es sich von selbst, daß die zufällig in Wien weilenden Reti, Spielmann, Bernstein, Maroczy usw. an dem Turnier nicht teilnehmen konnten, da die anstrengende und zeitraubende Arbeit eines solchen Turniers ihr Erwerben beträchtlich beeinflußt hätte. Das Bewußtsein, daß unter den Zuschauern weltberühmte Meister anwesend sind, regte die Amateure zu doppelter Entfaltung ihrer Kräfte an.“

Aber dem vom frühen Tod gezeichneten ungarischen Meister Breyer blieb nicht mehr viel Zeit. Er mußte spielen, er konnte keine Rücksicht auf die pekuniären Umstände nehmen . . .

Strobl—G.Breyer
Wien 1921

1.e2—e4	c7—c5
2.b2—b3	Sg8—f6
3.e4—e5	Sf6—d5

Großmeister Maroczy, dessen Anmerkungen wir geben, sagt, daß statt des schwachen Zuges e5 Weiß hätte 3.d3 spielen müssen.

4.c2—c4	Sd5—c7
5.Sb1—c3	

Es ist selten vorgekommen, daß in einer geschlossenen Partie Weiß nach den ersten fünf Zügen so schlecht steht. Es zeigt deutlich, daß das moderne Spiel doch gewisse Grundlagen hat und keinesfalls darin besteht, ungewöhnliche Züge hintereinander zu spielen. Hier mußte Lb2 folgen, um g6 möglichst zu verhindern.

5...	Sb8—c6
6.Sg1—f3	g7—g6
7.Lc1—b2	Lf8—g7
8.Sc3—d5	0—0
9.h2—h4	

Weiß sieht ein, daß seine Partie nur durch gewagtes Spiel zu retten ist. Die Partie krankt an der Rückständigkeit des d-Bauern und an der Schwäche von d4 und e5.

9... d7—d6

10.h4—h5

Weiß opfert oder übersieht einen Bauern; etwas besser war 10.Sc7: Dc7: 11.ed6: Dd6: 12.Lg7: Kg7: 13.h5 usw.

10... d6xe5

11.h5xg6 h7xg6

12.Dd1—c2

Wer „A“ gesagt hat, muß auch „B“ sagen.

12... Sc7xd5

13.c4xd5 Dd5xd6

14.Lf1—c4 Dd8—d5

15.Sf3—h4 Lc8—e6!

Bis jetzt hat Weiß heftig angegriffen, nun kommt der energische Gegenstoß.

16.Lc4xe6 Dd6xe6

(Wenn 16.Sg6: fg6: 17.Dg6: Lc4: 18.Dh7+ Kf7 19.bc4: Tad8 gewinnt.)

17.Dc2xc5 Sc6—d4

18.Lb2xd4 e5xd4+

19.Ke1—f1 Tf8—c8!

Schwarz zeigt seinem Gegner, wie man Angriff führen soll.

20.Dc5—g5 d4—d3

Was jetzt kommt, ist traurig.

21.Ta1—e1

Greift die Dame an!

21... De6xe1+

Warum opfert er? denkt der Führer der weißen Steine und spielt

22.Kf1xe1 Tc8—c1#

„Tableau!“ schließt der ungarische

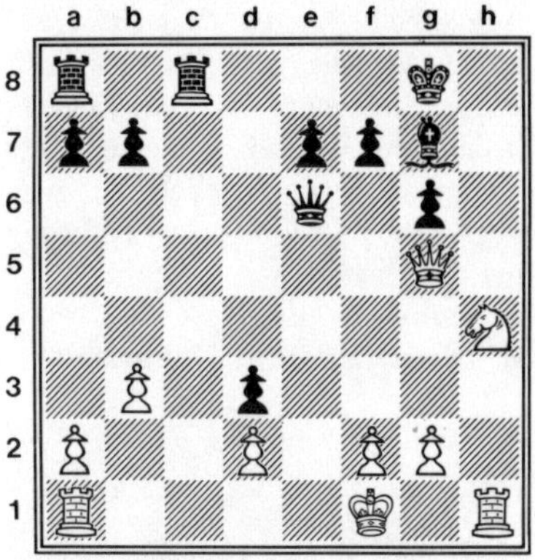

Großmeister Geza Maroczy seine mit unverletzender Ironie gemachte Kommentierung.

Erst 28 Jahre alt starb Breyer in Bratislava. Wie bei Carl Schlechter waren auch bei Breyer Hunger und Auszehrung während und nach dem Weltkrieg die Todesursache. Zur Erinnerung an Julius Breyer wurde 1922 eines der bedeutendsten Turniere der Zwanziger Jahre in Pystan abgehalten. (Sieger Bogoljubow vor Aljechin, Spielmann, Grünfeld, Reti, Sämisch, Wolf, Dr. Tartakower, Dr. Euwe, Johner, Tarrasch usw.)

Strategische Rückzüge...

1947 und 1974

Auch 25 Jahre nach dem Aufkommen der Neuen Schachideen wurde eine solche Stellung noch als Kuriosum betrachtet, allerdings nicht in Meisterkreisen. Wenn im Diagramm Schwarz am Zug sein soll, scheint das zunächst nicht zu stimmen: Weiß hat erst vier Züge gemacht, Schwarz aber bereits fünf, und ist außerdem noch am Zug. Es fehlen dem Weißen also zwei Züge — hat er sie vorgegeben? Keineswegs. Das Rätsel löst die Eröffnung aus der Partie:

Simagin—Aronin
SU-Meisterschaft 1947 Moskau

Hat Weiß 2 Züge vorgegeben?

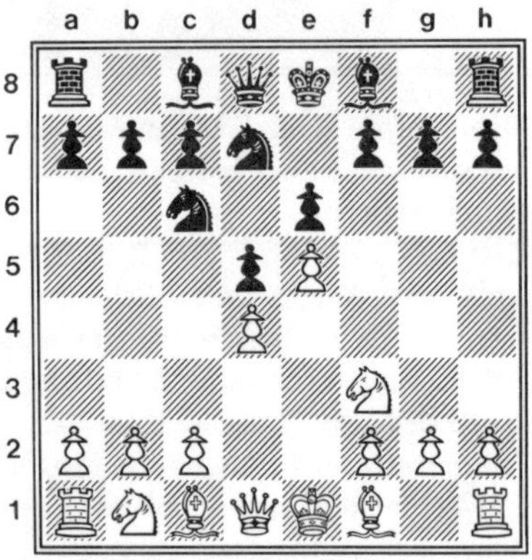

Schwarz(!) am Zug

1.e2—e4	e7—e6
2.d2—d4	d7—d5
3.Sb1—d2	Sb8—c6
4.Sg1—f3	Sg8—f6
5.e4—e5	Sf6—d7

Schon öfter bis dahin vorgekommen. Nun aber der moderne Zug von Simagin:

6.Sd2—b1!?

Einen Bestandteil der Neuen Schachideen bildet das Erkennen von Plänen. Wir haben bereits im Kapitel über Richard Reti gesehen, daß es in jeder Stellung darauf ankommt, einen *positionsgerechten Plan* zu finden. Schon Morphy erkannte als erster im 19. Jahrhundert, daß unter Umständen Entwicklungszüge sogar schädlich sein können, weil sie Zeitverlust bedeuten.

Um in der erreichten Diagrammstellung zum Detail zu kommen, hieße das, daß der Schablonenzug 6.Ld3 — sonst ein wünschenswerter Entwicklungszug — ein Fehler wäre. Schwarz würde die Zeit dazu benützen, 6...Sb4 zu spielen, und hat damit das Tempo für den Vorstoß c5 gewonnen. Aber selbstverständlich wäre anstelle des Zuges 6.Sb1 der Zug 6.Sb3! ebenso gut gewesen. In der Partie Tal—Fichtl, Halle 1974, wurde dieses Stellungsbild erreicht nach:

6.Sb3 Le7 7.Lb5 Scb8!

Das Gegenbild

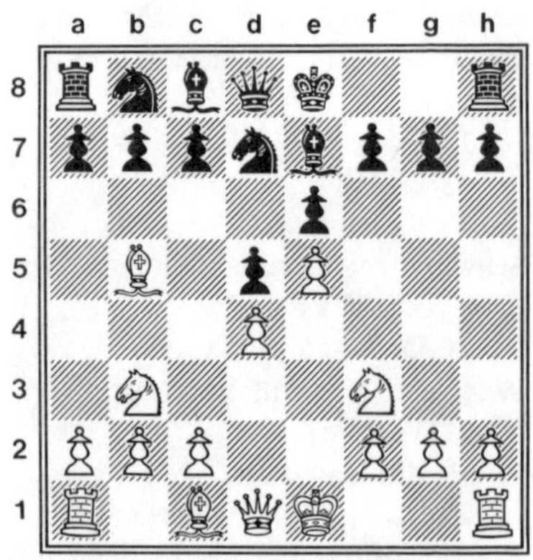

Zu unserem Erstaunen erkennen wir das Gegenbild der Stellung Simagin—Aronin. Jetzt ist es

Schwarz, der eine bereits entwikkelte Figur wieder in die Ausgangsstellung zurückführt. Jetzt ist Weiß am Zug, obwohl Weiß bisher sieben Züge ausgeführt hat, und Schwarz anscheinend nur fünf — und alles geht mit rechten Dingen zu!

Der Plan spielt die primäre Rolle. Für diese Stellung der Französischen Verteidigung heißt der beiderseitige Plan, die eigene Bauernkette intakt zu halten, und die des Gegners anzugreifen. Weiß beabsichtigt bei Simagin den Zug c2—c4 nebst Sb1—c3! mit Druck auf den Zentralpunkt d5. Schwarz andererseits muß den Vorstoß c7—c5 erstreben, gefolgt von baldigem f7—f6 mit Angriff auf die weiße Bauernkette im Zentrum.

Auf welchen fruchtbaren Boden die Neuen Ideen der Zwanziger Jahre gefallen sind, sehen wir nach mehr als fünfzig Jahren an der Behandlung der Französischen Partie. Die Partie Tal—Fichtl führen wir fort, weil sie ein Paradebeispiel moderner Schachstrategie vermittelt:

8.h4!

Absicht 9.Sg5 h6 10.Se6:! fe6: 11. Dh5+Kf8 12.Ld3 nebst Th3 mit siegreichem Angriff.

8...h6

Nach 8...b6 könnte Weiß aber auch einen rein positionellen Plan fassen mit 9.Lg5 h6 10.Le7: De7: 11.De2 (gegen den Befreiungs- und Tauschzug La6 gerichtet) a5 12.a3 c6 13. Ld3 c5 14.dc5: bc5: 15.c4! usw. 9. Th3 b6 10.De2 a5 11. Tg3 Lf8. In Betracht kam aber auch 11...Kf8

12.c4 c6

Statt diesem Zug hätte Schwarz nach Meinung von Exweltmeister Tal besser so gespielt: 12...a4! 13. cd5: ab3: 14.de6: fe6: 15.De4 Ta2: 16.Dg6+ Ke7 17.Sg5 De8 mit Chancen für beide Seiten.

In der Partie *Simagin—Aronin* erlebten wir nach dem Rückzug 6.Sb1 diese Weiterentwicklung des Kampfes:

6...Se7 7. Ld3 c5 8.c3 Db6.

Weil Schwarz zuerst zum Zentrumsangriff durch c7—c5 kam, kann Weiß seine ursprüngliche Absicht nicht durchführen.

9.0—0 Sc6 10.Le2 f6 11.ef6: Sf6: 12.Sa3 cd4: 13.Sb5 a6.

Zu gewagt wäre 13...dc3: 14.Lf4! usw.

14.Sbd4: Ld6 15.Sg5 e5 16.Se6 h6 17.Sg7:+.

Nach lebhaftem Verlauf endete die Partie unentschieden.

Smyslows neue Idee

Reti, Nimzowitsch, Tartakower und andere Verfechter neuer Schachideen hatten den Grundstock gelegt; ihre Saat ging in den folgenden Jahrzehnten auf. Bei der Schachweltmeisterschaft 1948 in Amsterdam/Moskau wandte Smyslow einen anderen neuen strategischen Rückzug an:

Keres—Smyslow
Grünfeld-Indisch

1.d2—d4 Sg8—f6

2.c2—c4	g7—g6
3.Sb1—c3	d7—d5
4.Sg1—f3	Lf8—g7
5.Dd1—b3	d5xc4
6.Db3xc4	0—0
7.e2—e4	Lc8—g4!

Das war schon vorher alles bekannt. Wir treffen ein modernes Motiv an, wenn Weiß 8.Se5 spielen würde; darauf folgt 8...Le6 9.d5? Lc8! und die weiße Mitte wird durch e7—e6, bzw. c7—c6 aufgerollt. Die zu früh vorgestoßenen weißen Zentrumsbauern und auch der Se5 geben für Schwarz ein willkommenes Angriffsziel. Daher wurde von Weiß in allen Meisterpartien diese Fortsetzung vermieden.

8.Lc1—e3	Sf6—d7!

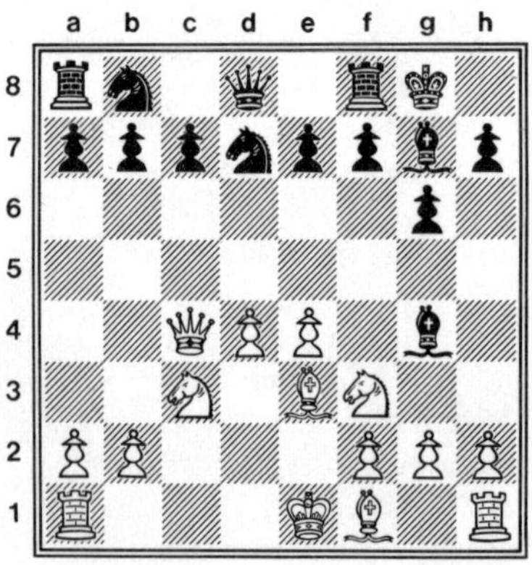

Wieder wird auf die schablonenhafte Entwicklung einer neuen Figur verzichtet, und mit einer bereits entwickelten Figur ein „Rückzug" vorgenommen. Aber Schwarz richtet seinen Plan auf den wirksamen Gegenstoß mit e7—e5 aus, der ein dynamisches Spiel verschaffen wird. In anderen neueren Varianten folgt die Umgruppierung Sb6/Sc6. Heute gibt es auch noch die Fortsetzung 7.e2—e4 a7—a6, also ohne den Läuferausfall nach g4 von Smyslow. Von der Diagrammstellung aus geht es weiter:

9.Dc4—b3	Sd7—b6
10.Ta1—d1	e7—e5!
11.d4xe5	Sb8—d7
12.Lf1—e2	Dd8—e7
13.Le3—g5	De7—e 8
14.0—0	Sd7xe5
15.Sc3—d5	Sb6xd5
16.e4xd5	Se5xf3+
17.Le2xf3	Lg4xf3
18.Db3xf3	De8—e7

remis.

Wie sehen diese modernen Abspiele der Grünfeld-Indischen Verteidigung heute aus?

Die ersten neun Züge wie vorstehend, dann weiter:

10.Ta1—d1	Sb8—c6

Fürchtet nicht den Vorstoß des Bauern nach d5, sondern erzwingt ihn!

11.d4—d5	Sc6—e5
12.Lf1—e2	Se5xf3+
13.g2xf3	Lg4—h3
14.Th1—g1	Dd8—c8
15.f3—f4	Lh3—d7

Oder:

13.g2xf3	Lg4—h5
14.f3—f4	Lh5xe2
15.Sc3xe2	Dd8—d7
16.h2—h4	c7—c6

Eine andere Möglichkeit, wenn Weiß lang rochiert:

9.0—0—0 Sd7—b6
10.Dc4—c5 e7—e5
11.d4—d5

Wird auf e5 geschlagen, spielt Schwarz 11...S8d7 12.Da5 Dc8 mit Rückgewinn des Be5.

11... Sb8—d7
12.Dc5—a5 Lg4xf3
13.g2xf3 Dd8—h4

Nach Boleslawski besitzt Schwarz eine feste Stellung. Weiß hat es schwer, einen aktiven Plan zu finden.

Der Leser möge sich an die These der Modernen erinnern: Meide die Schablone, sie ist die Todsünde im Schach! Um kein Mißverständnis aufkommen zu lassen, muß festgehalten werden, daß auch heute noch die rasche Entwicklung in „Offenen" Positionen das Erfordernis ist. Nur in geschlossenen Stellungen ist nicht die Entwicklung, sondern das Verfolgen eines positionsgerechten Planes das herrschende Prinzip.

Friedrich Sämisch (1896–1975)

Der letzte Schachbohemien

Der Abschnitt über den vorletzten Überlebenden einer großartigen Schachepoche, den Berliner Friedrich Sämisch, war noch nicht im Druck, da starb auch er.

Ein Ästhet und Schöngeist im Schach, das war zeitlebens der in der ganzen Welt bekannte, in Hamburg lebende, 80jährige deutsche Großmeister. „Sämisch steht immer schön!" war eine Feststellung, die der ungarische Meister G. Breyer traf. Ein feiner Kenner der Schacheröffnung, der dem modernen Schach der Zwanziger Jahre manchen Impuls gab. So wird heute noch das Abspiel in der Nimzowitsch-Indischen-Verteidigung nach 1.d4 Sf6 2.c4 e6 3.Sc3 Lb4 mit *4.a3* als *„Sämisch-Variante"* bezeichnet. Der 1896 in Berlin geborene Fritz Sämisch hat mit allen großen Meistern des 20. Jahrhunderts gespielt, er hat mit allen Weltmeistern seit Lasker und Tarrasch die Klinge gekreuzt. Sämisch ist der letzte Schachbohemien der ruhmreichen vergangenen Schachära. Er war der jahrzehntelange Kampfgefährte von Capablanca und Aljechin. In den Jahren von 1920 bis 1932 riß die Kette der großen internationalen Turniere nicht ab. Der Berufsschachmeister Sämisch lebte in diesen Jahren auf die denkbar rationellste Weise. Die Turniere von Karlsbad, Marienbad, Baden-Baden, Budapest, Breslau, Moskau, Berlin, Dresden, Teplitz, Berlin vereinten die führenden Schachmeister jener Tage.

Sämisch benötigte dazu bloß einen Koffer, mit dem er von Hotel zu Hotel reiste. War ein Anzug reinigungsbedürftig, wurde ein neuer gekauft und der alte im Hotel liegengelassen. Auch alle Wäschestücke wurden nach einmaligem Gebrauch abgelegt. Sämisch hatte nie den Ärger wie sein Kampfge-

nosse, Weltmeister Aljechin, „der stets mit 24 Koffern, drei Katzen und einer Frau umherreiste!" So schilderte es uns der Großmeister im vertrauten Schachkreis in Stuttgart.

Schon 1921 spielte Sämisch nach 1.d4 Sf6 den Zug *2.Lg5!*

Seit *1974 wieder der Modezug* auf Turnieren!

Sämisch-Krüger; 21. Schachkongreß des DSB 1921 Hamburg.

Was sagten die Gelehrten damals zu dem ungewöhnlichen Läuferzug im Damenbauerspiel? „Im allgemeinen ist dieser Zug erst empfehlenswert, wenn schon e7—e6 geschehen ist, da sonst der Springer, wenn auch nicht sofort, so doch später eventuell mit Vorteil nach e4 abspringen kann" heißt es im Turnierbuch. Weiter

2... d7—d5

3.e2—e3

„Das Nehmen auf f6, um die schwarzen Bauern zu verdoppeln, erscheint sehr zweischneidig; Schwarz bekommt offene Linien und erhält das Läuferpaar für den Doppelbauern." An dieser Beurteilung ändert sich nichts, aber dennoch schrecken die modernen Meister vor dem Tausch auf f6 nicht zurück. Einige Beispiele:

Timman—Gligoric 1975: 1.d4 Sf6 2.Lg5 d5 3.Lf6: gf6: 4.e3 e6 5.c4 c6 Remis im 40. Zug.

Lombardy—Ivkov, 1974: 1.d4 Sf6 2.Lg5 d5 3.Lf6: gf6: 4.e3 c5 5.dc5: e6 6.c4 dc4: 7.Dd8:+ Kd8: 8.Lc4: Lc5: = Stellung ausgeglichen, wenn auch Schwarz im 49. Zug gewann. Eine Überleitung ins Damenbauernspiel ist die häufige Folge.

Sigurjonsson—Weinstein, 1975: 1.d4 Sf6 2.Lg5 e6 3.Sd2 c5 4.e3 Le7 5.Sgf3 b6 6.c3 Lb7 7.Ld3 d5 8.0—0 Sbd7 =.

Es waren die russischen Meister, die 1974 beim Championat der SU diesen ungewöhnlichen Spielanfang wieder in die Turnierpraxis einführten. Und da Schacheröffnungen weitgehend eine Modesache sind, treffen wir diese Anfangszüge nicht bloß bei allen Vereinsspielern, sondern auch bei den Weltmeisterkandidaten:

Kortschnoj—Karpow, 19. Wettkampfpartie der Weltmeisterschaftsausscheidung in Moskau 1974: 1.d4 Sf6 2.Lg5 e6 3.e4 h6 4.Lf6: Df6: 5.Sf3 d6 6.Sc3 g6 7. Dd2 De7 8.0—0—0 a6 9.h4 Lg7 10.g3 b5!= Weiß gewann im 79. Zug.

Wir haben gesehen, daß Schwarz die positionellen Bedenken wegen dem auf f6 entstehenden Doppelbauern zurückstellt, denn wie bereits 1921 zutreffend kommentiert, besitzt Schwarz im Läuferpaar eine ausreichende Kompensation.

Auf den europäischen Turnieren setzen die russischen jungen Meister den Zug Lg5 vor, so auch in Hastings 1975:

Waganjan—Botterill:

1.d2—d4 Sg8—f6
2.Lc1—g5 g7—f6
3.Lg5xf6 e7xf6
4.e2—e3 Lf8—g7
5.Sg1—e2 b7—b6
6.Se2—f4 d7—d5
7.h2—h4 h7—h5
8.c2—c4! d5xc4
9.Lf1xc4 Lc8—b7
10.Sb1—c3 Lg7—h6?

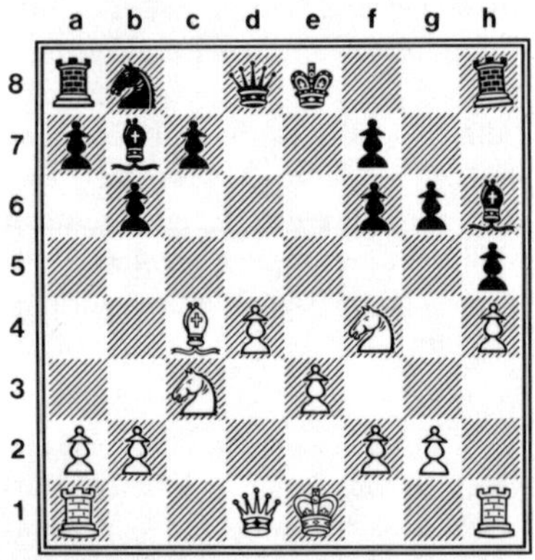

Notwendig war 10...Dd7, um den verwundbaren Punkt f7 abzusichern (und auch den Vorstoß g4 unter Kontrolle zu haben). Ein schönes Opfer auf f7 mit dem Kombinationsmotiv auf der Diagonalen b3—g8 führt zum Kurzschluß:

11.Lc4xf7+ Ke8xf7
12.Dd1—b3+ Kf7—e8

Die Züge nach f8 oder g7 verbieten sich wegen der Springergabel auf e6. Falls aber 12...Ke7, so gewinnt 13.Sg6:+ Kd7 14.Df7+ Kc8 15. Se7+ Kd7 16.Sc6+! Kc6: 17.Tc1 La6 18.Sb5+! Kb5: 19.Dc4+ Ka5 20.b4+Ka4 21.b5+ Ka5 22.Dc3+ Ka4 23. Db3+ Ka5 24. Tc4 und das Matt ist undeckbar. Diese Zugfolge ist ein gutes Beispiel dafür, wie weit sich eine Variante am Brett im voraus berechnen läßt. Im voraus braucht der Meister am Brett diese Folge nicht schon beim Einschlag auf f7 zu berechnen. Die Erfahrung und das Positionsgefühl bestimmen die Richtigkeit einer solchen Opferwendung.

13.Sf4xg6 Dd8—d7
14.Sg6xh8 Dd7—g7
15.Db3—e6+ Ke8—f8
16.Sc3—d5! Sb8—d7

Nach 16...Ld5: 17.Dd5: greift ein Rädchen ins andere, denn wieder wären zwei Drohungen da, Dd8⧺ und Da8:.

17.Sd5—e7! 1:0

Die Springergabel Sg6+ regiert die Kombination (17...De7: 18.Sg6+). Wo die *2.Lg5-Variante heute theoretisch steht,* ergänzt noch dieses wichtige Abspiel:

1.d2—d4 Sg8—f6

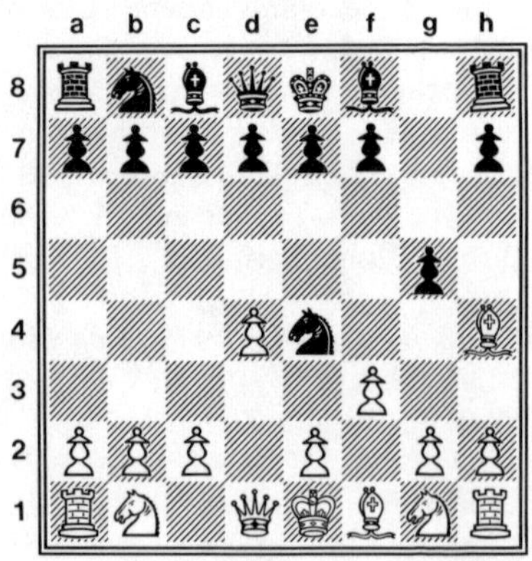

2.Lc1—g5 Sf6—e4
3.Lg5—h4 g7—g5
4.f2—f3

Diese scharfe Variante ist bis heute noch nicht geklärt. Sie bietet somit beiden Seiten Chancen auf nicht ausgetretenen Pfaden.

Günstig dürfte Weiß bei dieser ähnlichen Variante fahren:

1.d2—d4 Sg8—f6
2.Lc1—g5 Sf6—e4
3.Lg5—h4 c7—c5
4.f2—f3 g7—g5
5.f3xe4 g5xh4
6.e2—e3 Lf8—h6
7.Ke1—f2!

Weiß schützt mit dem König den Be3 und bereitet die künstliche Rochade vor — ganz im Sinne des originellen Nimzowitsch, der sich zu frühen Exkursionen mit dem König bekannte: „Ich liebe Königswanderungen!“

Sehr riskant für Schwarz wäre jetzt die Angriffswendung 7...Db6 8.Sc3! Db2: 9.Sd5 Kd8 10.. Tb1 usw.

Nach diesem Ausflug aus der Zeit von 1921 wieder zurück zu Großmeister Sämisch. Den größten Erfolg seines Lebens erfocht Sämisch beim Turnier von Baden-Baden 1925. In dem Riesenturnier der 21 Teilnehmer wurde Sämisch Dritter hinter Aljechin und Rubinstein, aber vor Bogoljubow, Marshall, Tartakower, Rabinowitisch, Grünfeld, Nimzowitsch, Torre, Reti, Spielmann u. a.

Über die Situation der Modernen Schachrichtung im Jahre 1925 informiert die folgende Partie mit den Kommentaren von Fritz Sämisch:

Die neueste Reti-Eröffnung

R. Reti—F. Sämisch
Baden-Baden 1925

1.g2—g3!

„Das ist die neueste Reti-Eröffnung. Es ist erstaunlich zu sehen, mit welcher Hartnäckigkeit, fast Eigensinn zu nennen, Reti nachweisen möchte, daß Weiß damit in Vorteil kommt. In Baden-Baden hatte er allerdings aus fünf mit dieser Eröffnung gespielten Partien nur gegen Grünfeld Erfolg. Retis oft sehr feine Ideen sind rein strategischer Natur, und bei Verfolgung dieser Pläne unterschätzt er neuerdings fast immer taktische Finessen.“

1... e7—e5
2.d2—d4 e5xd4
3.Dd1xd4 Sb8—c6
4.Dd4—a4 Lf8—c5
5.Lf1—g2 Sg8—e7
6.Sg1—f3 d7—d6
7.c2—c3 Lc8—d7

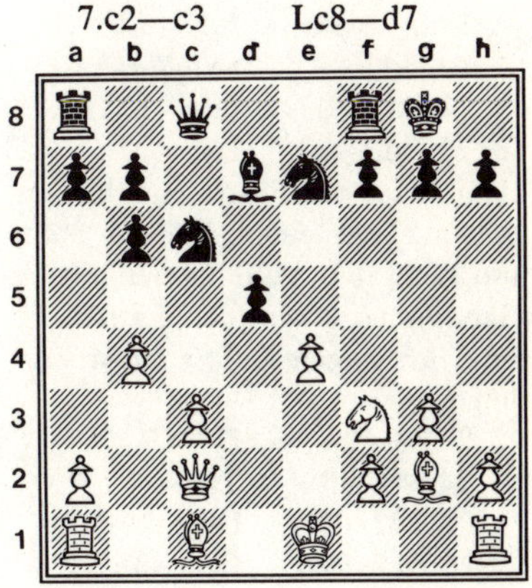

8.Da4—c2 Ld7—f5!
9.e2—e4 Lf5—d7
10.Sb1—d2 Dd8—c8
11.h2—h3 0—0
12.b2—b4 Lc5—b6
13.Sd2—c4 d6—d5
14.Sd4xb6 c7xb6!

„Daran hatte Reti offenbar nicht gedacht, die Regel hatte a7xb6 verlangt. Schwarz ist jetzt sehr gut entwickelt und hat viele Drohungen, während das weiße Spiel desorganisiert ist. Infolge der zu vielen Bauernzüge hat Weiß überall Schwächen. So langsam kann man nicht Schach spielen! Schwarz dürfte aber auch nach a7xb6 besser stehen."

15.Lc1—a3 d5xe4
16.Sf3—g5 Sc6—d4
17.Dc2—d2 Sd4—f3+
18.Lg2xf3

„Der Stolz des weißen Spiels findet hier ein unrühmliches Ende! Aber nach Sf3: ef3: Lf3: könnte Schwarz den Bf3 nehmen oder auch Lc6 antworten."

18... e4xf3
19.0—0—0 Ld7—a4
20.Dd2—d3 Se7—g6
21.Td1—d2 La4—b5!
22.Dd3—c2 Lb5—e2

„Damit ist die Partie entschieden. Schwarz hat einen Bauern mehr und Weiß steht vollkommen hilflos. Genommen kann der Läufer b5 natürlich wegen Dc3:+ nicht werden."

23.h3—h4 f7—f5
24.b4—b5 Tf8—d8
25.Td2xd8 Dc8xd8
26.Dc2xf5 Dd8—f6!

„Führt ein wegen der Schwäche des Bf2 leicht gewonnenes Endspiel herbei und ist daher präziser als Dc7."

27.Df5xf6 g7xf6
28.Sg5—e4 Kg8—g7
29.Se4—d6 Sg6—e5
30.Kc1—d2 Ta8—d8!
31.Kd2—e3 Se5—g4+!

„Viel besser als Td6: Ld6: Sc4+, was zwar auch gewinnt, aber viel langsamer."

32.Ke3—f4 Sg4xf2
33.Tf1—b1 Sf2—g4
34.Sd6—f5+ Kg7—f7
0:1

„Der Bf2 ist nicht aufzuhalten; etwa 35.Se3 f2 36.Sf1 Td1 37.Td1: Ld1: nebst 38...Le2 usw."

Nun, der Leser sieht, daß Richard Reti in dieser Partie (und auch im ganzen Turnier von Baden-Baden) in schwacher Form spielte. Uns interessierte aber, wie ein Meisterkollege über die neuen Schachgedanken von Reti denkt. Das Urteil von Sämisch darf als gemäßigt angesehen werden, und in gewissem Sinne zählte er selbst zu den Meistern, die neuen Ideen aufgeschlossen gegenüberstanden. In vielen Fällen sahen sich die Hypermodernen aber nicht bloß der Kritik und Ablehnung ihrer Anschauungen ausgesetzt. Sie wurden mit Hohn und Spott übergossen, besonders der Ungar Breyer und der baltische Großmeister Nimzowitsch als die exponierten Vertreter.

Wie oder wovon lebte damals ein Berufsschachmeister? Die Jahre nach dem Ersten Weltkrieg hatten in Deutschland zunächst wirtschaftlichen Stillstand zur Folge. Doch 1924 erholte sich die Weimarer Republik nach der Einführung der Rentenmark, die „Goldenen Zwanziger Jahre“ waren angebrochen. Im Brennpunkt des neuen Lebensrausches stand die Reichshauptstadt Berlin. Hier waren seit 1921 alle europäischen Schachmeister anzutreffen, einschließlich des zuletzt aus der Sowjetunion eingetroffenen Alexander Aljechin. Weltmeister Lasker, seit 1921 Exweltmeister, und auch Tarrasch, damals mit 60 Jahren seinen Leistungszenith schon überschritten, führten die Generation der jungen Meister in die neue Zeit hinüber. Der Verleger und Schachamateur Bernhard Kagan war der unermüdliche Organisator, der den Meistern Turniere und Brot verschaffte.

Ein Besuch im Warschauer Nachtlokal

Da der Tag durchschnittlich 50 Mark kostete, mußte ein Schachmeister immer auf Achse sein. Aber nicht nur bei Sämisch hieß es „wie gewonnen, so zerronnen!“ Für eine Simultanvorstellung erhielt ein erstklassiger Meister ein Honorar von 500 Mark. Nach einer Blindsimultanvorstellung in Warschau im Jahre 1924 verspürte Sämisch mit einigen Freunden noch Lust, ein Nachtlokal aufzusuchen. Und weil man nicht wollte, daß unser Großmeister Hungers sterbe — im Spiellokal war der Wirtschaftsbetrieb um 2 Uhr morgens eingestellt — wurde sein Wunsch erfüllt. „Ein wundervolles Nachtlokal“, so schwärmte Sämisch. „Alles sehr nett, sehr dezent, aber auch sehr teuer.“ Als der Ober die Rechnung präsentierte, blieb von dem Honorar von 500 Mark aus der Blindvorstellung kein Pfennig übrig. . .

Sämisch-Variante mit Schönheitspreis

Tausend Tschechenkronen winkten dem Sieger für den 1. Schönheitspreis beim Großmeisterturnier von Karlsbad 1929. Dem Turnierleiter und Schachmäzen, Bankrat Viktor Tietz standen Schönheit, Idee und Kunst höher als Zweckmäßigkeit und Erfolg. Der feinsinnige Schachkünstler und Bohemien Fritz Sämisch war daher der richtige Mann für diesen Preis.

F. Sämisch—E. Grünfeld
Nimzowitsch-Indisch

1.d2—d4	Sg8—f6
2.c2—c4	e7—e6
3.Sb1—c3	Lf8—b4
4.a2—a3	

Marke Sämisch! Andere Züge, die in Frage kommen, sind: 4.Dc2, 4.Db3, 4.Sf3, 4.Lg5, 4.f3, vor allem aber 4.e3, Rubinsteins Zug, der noch heute Favorit dieser Eröff-

(Der Preis von 1000 Kronen betrug umgerechnet 100 Mark . . .)

nung ist. Doch wird heute ebenso wieder Sämischs Zug 4.a3 angewandt. Vor allem Weltmeister Botwinnik bediente sich häufig dieses scharfen Zuges, der den Lb4 sofort zur Erklärung zwingt. Bis heute bleibt die Frage offen, ob Weiß mit dem Doppelbauernkomplex und dem vereinzelten a-Bauern das aktivere Spiel erlangen kann, oder ob es Schwarz gelingt, diese statischen Schwächen der weißen Stellung auf lange Sicht auszunutzen. Wir weisen unsere Leser insbesondere auf die 5. Partie Spassky—Fischer (siehe „Schachgenie Fischer", Franckh-Verlag, Stuttgart) hin, in der dasselbe strategische Motiv nach 6...Lc3:+ zur Sprache kam.

4...	Lb4xc3+
5.b2xc3	d7—d6
6.f2—f3	0—0
7.e2—e4	e6—e5
8.Lf1—d3	Sb8—c6
9.Sg1—e2	Sf6—d7
10.0—0	b7—b6
11.Lc1—e3	Lc8—a6

Das ist es! Schwarz kann mit La6—Sa5/Dd7—a4/Tac8 den Bc4 mehrfach angreifen und in vielen Fällen auch erobern. Stets lautet die Frage daher, ob Weiß dagegen ein genügendes Gegenspiel in der Mitte und am Königsflügel entfalten kann.

12.Se2—g3	Sc6—a5
13.Dd1—e2	Dd8—e8
14.f3—f4!	f7—f6
15.Tf1—f3	Kg8—h8
16.Ta1—f1	De8—f7
17.f4xe5	f6xe5
18.d4—d5	

Diese Festlegung hat Schwarz erzwungen.

18...	Sa5—b7
19.Sg3—f5	Sb7—d6

Nach der Lehre von Nimzowitsch das ideale Feld für einen Blockeur, und dazu ist der Springer besonders gut geeignet. (Ein Ld6 würde hinter den eigenen Bc5/Be5 niemals diese Wirkung entfalten.)

20.Tf3—h3	g7—g6
21.Sf5—h6	Df7—g7
22.g2—g4	g6—g5
23.Th3—h5	Sd7—c5
24.Le3xc5	b6xc5
25.Tf1—f3	Dg7—e7
26.Tf3—h3	La6—c8
27.De2—f2	Sd6—e8

Danach muß Weiß wegen der Drohung Sg7 seine Türme umgruppieren.

28.Th3—f3	Se8—g7
29.Th5—h3	Lc8—d7
30.Th3—g3	Ld7—e8
31.h2—h4!	g5xh4

Man sieht, welche Geduld der Angreifer an den Tag legen muß und nichts überstürzen darf.

32.Tg3—g2	h4—h3
33.Tf3xh3	Le8—g6
34.Th3—f3	Ta8—b8
35.Df2—h4	Tb8—b3
36.Tg2—f2	Tb3xc3

Weiß hat die Schlacht am Damenflügel verloren. Aber die entscheidende Schlacht am Königsflügel wird noch geschlagen!

37.g4—g5!	Sg7—e8
38.g5xf6!	(siehe Diagramm)

Ein Blitzschlag, der das schwarze

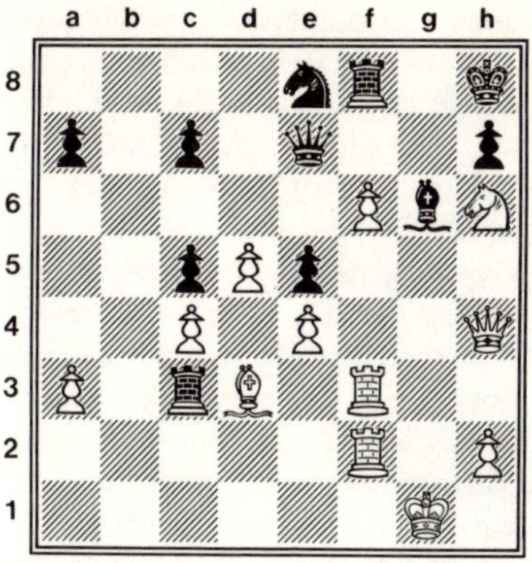

Anwesen in Brand setzt. Nimmt Schwarz auf f6, käme es nach 38... Sf6: 39.Tf6: Tf6: 40.Tf6: Td3: zu dem Donnerschlag 41.Tg6:! Damenopfer! Wenn Dh4, so Tg8 ‡!

38...	De7—d8
39.Sh6—g4	Tc3xd3
40.Tf3xd3	Lg6xe4
41.Td3—e3	Se8—d6
42.Sg4xe5	Le4—f5
43.Tf2xf5	

Das Qualitätsopfer ist die Einleitung zur herrlichen Schlußkombination.

43...	Sd6xf5
44.Se5—g6+	Kh8—g8
45.Te3—e7!!	

Alle drei Figuren von Weiß hängen: Dame, Turm und Springer! Zwar hätte Sämisch auch mit 45. Se7+ gewinnen können (45...Se7: 46.fe7: mit Turmgewinn durch Bauerngabel), aber sein Turmzug auf die 7. Reihe mit Opferangebot einer dritten Figur führt zum unvergeßlich schönen Schlußbild.

45...	Tf8—f7

Weiße „Hänge"-Stellung

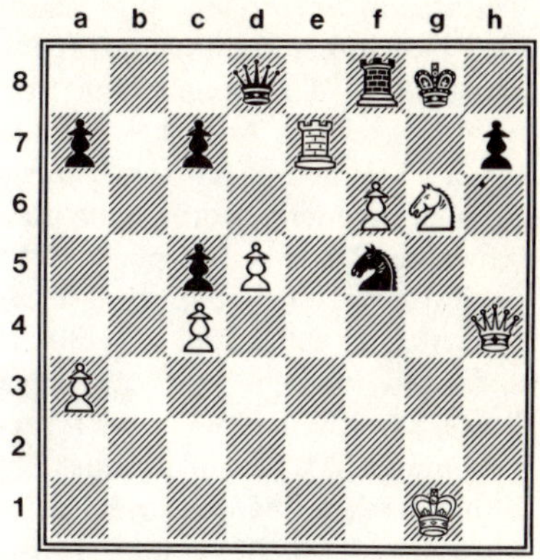

Stellung nach 45.Te3—e7!

46.Te7xf7	

Noch immer darf Schwarz die weiße Dame nicht nehmen wegen Tg7 matt!

46...	Kg8xf7
47.Sg6—e5+	Kf7—f8
48.Dh4xh7	1:0

Schwarz würde nach 48...Df6: 49. Sd7+ Dame und Springer einbüßen.

Genug des Stumpfsinns...

Im brodelnden Berlin der Nachkriegszeit nahmen auch die Schachspieler ihren Platz ein. Erst im Kerkaupalast, später im Heim der Berliner Schachgesellschaft, aber auch in anderen Caféhäusern spielte sich das bunte Treiben der Schachspieler ab. Aus jener Zeit stammt folgende Geschichte:
Eines Abends hatte Fritz Sämisch in einem Klubturnier gegen den ge-

waltigen Schachriesen Richard Teichmann anzutreten. War schon die Erscheinung Teichmanns furchterregend — der große Mann trug über dem rechten Auge, das er durch einen Dummenjungenstreich eines Schulkameraden verloren hatte, eine schwarze Binde—, so noch mehr die Tatsache, einem der erfolgreichsten Meister jener Zeit gegenübersitzen zu müssen. Der ehrgeizige junge Sämisch hatte sich viel vorgenommen. Als hervorragender Eröffnungskenner baute er eine schön anzusehende Stellung auf. Teichmann indessen langweilte die Sache. Nach einer Stunde Spielzeit geschah für die Zuschauer etwas völlig Unerwartetes: Teichmann stellte die Schachuhr ab, schob die Figuren zusammen und sagte: „Genug des Stumpfsinns — Remis“, nahm seinen Hut und verließ das Spiellokal. Es war acht Uhr abends, und im Zirkus Krone hatten die Ringkämpfe begonnen, zu deren eifrigsten Besuchern Teichmann zählte.

Capablanca stellt im 9. Zug eine Figur ein!

Die Schachgeschichte kennt als große Verteidiger Wilhelm Steinitz, den Deutsch-Amerikaner Louis Paulsen, Emanuel Lasker, den Ungarn Geza Maroczy und unter den zeitgenössischen Meistern nimmt Exweltmeister Petrosjan den Ruf des „besten Torwartes im Schach“ ein. Es wäre aber verfehlt zu glauben, daß nur diese und nicht auch andere Großmeister in schwierigen Stellungen hartnäckigen und erfinderischen Widerstand geleistet hätten. Fast alle Großmeister sind gute Verteidigungsspieler, und nur wer selbst schon Großmeistern am Brett gegenübergesessen ist, weiß, wie schwer deren Verteidigung zu durchbrechen ist. Sie finden gegenüber dem normalen Spielverlauf immer Finessen und versteckte Verteidigungsmöglichkeiten, um die Partie entweder zu retten oder gar zu gewinnen. Adolf Anderssen sagte von seinem Wettkampfgegner Morphy nach der Niederlage in Paris 1858: „Am verderblichsten aber ist es Morphy gegenüber, bei einer eigenen überlegenen Stellung an den leichten Sieg zu glauben.“ So gelang es Anderssen nicht, einige aussichtsreich stehende Partien gegen den „Angriffskünstler“ Morphy zu gewinnen.

Eine der schwersten Partien seines Lebens spielte Fritz Sämisch beim Großturnier von Karlsbad 1929 gegen den kubanischen Exweltmeister Capablanca. Sämisch hatte das Glück, daß der etwas nonchalante Kubaner gegen ihn bereits in der Eröffnung eine Figur einstellte. In siebenstündiger eiserner Verteidigung von Capablanca „durchlebte ich eine Höllenangst, die Partie nicht zu gewinnen.“

F. Sämisch—J. Capablanca
Karlsbad 1929
Nimzowitsch-Indisch

1.d2—d4

Es war die 16. Runde am 19. August 1929 im Kurhaus von Karlsbad. Pünktlich um 9 Uhr war Sämisch am Brett und zog, da er die weißen Steine führte, den Damenbauern. Dann wartete er voller Unruhe auf das Erscheinen von Capablanca. Sämischs Nervosität über das Ausbleiben des Gegners wurde immer größer. Er wollte schon den Turnierdirektor rufen. Da — fünf Minuten vor Ablauf der ersten Stunde, was Partieverlust zur Folge gehabt hätte — betrat der elegante Kubaner den Turniersaal. Er begrüßte seinen Gegner, nahm vom Direktor die Post in Empfang und begann sie, mit einem flüchtigen Blick auf die tickende Schachuhr, zu lesen. „Über diese Kaltblütigkeit war ich der Verzweiflung nahe" bekannte Sämisch. In letzter Sekunde machte Capablanca seinen Gegenzug, und die Partie begann.

1... Sg8—f6
2.c2—c4 e7—e6
3.Sb1—c3 Lf8—b4
4.a2—a3

Aber gewiß greift der deutsche Großmeister zur „Sämisch-Variante".

4... Lb4xc3+
5.b2xc3 d7—d6

Wie immer spielte Capablanca rasch und erhob sich nach jedem Zug zu einem Rundgang im Turniersaal, um die Partien der übrigen zwanzig Konkurrenten zu verfolgen.

6.f2—f3 e6—e5
7.e2—e4 Sb8—c6
8.Lc1—e3 b7—b6
9.Lf1—d3

Da unterlief dem göttlichen Capablanca ein schwerer Fehler:

9... Lc8—a6??

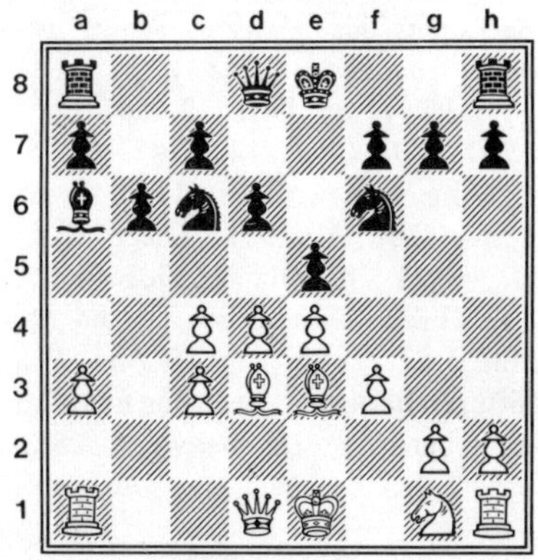

Stellung nach 9...La6

10.Dd1—a4!

Gewinnt eine Figur.

Als Capablanca wieder ans Brett trat, sah er sofort die Katastrophe. Er wischte sich mit dem Taschentuch die Stirn und stand sieben Stunden nicht mehr vom Brett auf! „Niemals im Leben habe ich mehr Angst ausgestanden als in dieser Partie", erzählte Sämisch, der nach acht Stunden harten Kampfes den jetzt wie ein Riese spielenden Capablanca doch in die Knie zwingen konnte. Ja, Capablanca war schon ein großartiger Kämpfer, wenn er

in tödlicher Gefahr schwebte. Nach außen hin nahm der Kubaner die ganz seltenen Mißgeschicke einer Niederlage stets gefaßt und sogar mit einem Lächeln hin — ganz im Gegensatz zu seinem Rivalen Aljechin.
Hier nun den weiteren Verlauf der Partie in Kurznotation. Capablanca erklärte übrigens sein Versehen auf Befragen: Er glaubte, schon rochiert zu haben!
10...Lb7 11.d5 Dd7 12.dc6: Lc6: 13.Dc2 0—0—0 14.Se2 De6 15. Lg5 h6 16.Lf6: Df6: 17.0—0 h5 18.f4 Dh6 19.Tae1 The8 20.f5 De3+ 21.Kh1 Dc5 22.Dc1 f6 23. Tf3 Th8 24.Db2 a5 25. Tb1 h4 26. Sd4! Ld7 27. Sb3 Dc6 28.Sa5: Ein bitterer Bauernverlust, der nicht zu umgehen war für Schwarz. 28.... Da8 29.Sb3 h3 30.g3(g4!) g6! 31. fg6: f5 32.Dc2 Thg8 33.Sd2 f4 34. gf4: Tg6: 35.f5 Tg2 36.Tg1 Tdg8 37.Tg2: hg2:+ 38.Kg1 Da3: 39. Tg3 Tg3: 40.hg3: La4 41.Db1 Dc3: 42.Sf3 Lb3 43.Kg2: Lc4: 44.Lc4: Dc4: 45.Kf2! d5 46.ed5: e4 47.Sd2 Dd5: 48.Ke2 Df5: 49.De4: Db5+ 50.Kf3 Da5 51.Sc4 Da1 52.g4 Df1+ 53.Kg3 Dg1+ 54.Kh4 Dh2+ 55.Kg5 Kb8 56.Kg6 Ka7 57.g5 b5 58.Se5 c5 59.Dd5 Dc2+ 60.Kf6 b4 61.g6 b3 62.g7 1:0.
Diese Niederlage, durch Leichtsinn von Capablanca verursacht, kostete ihn am Ende den Turniersieg in Karlsbad. Mit einem halben Zähler Vorsprung ging Nimzowitsch vor Capablanca und Spielmann durchs Ziel.

Die großen Blindspieler

Aljechin, Reti, Sämisch, Breyer

Als im Jahre 1783 der französische Meister Philidor gleichzeitig an drei Brettern blind spielte, erregte diese Leistung großes Aufsehen. Jahrzehnte später fanden die Blindsimultanvorstellungen des Amerikaners Paul Morphy 1858 in Paris und London die Bewunderung der Zeitgenossen. Ein Journalist, Augenzeuge einer Vorstellung Morphys, wählte in der Pariser Tageszeitung den Vergleich mit Cäsar: „Er kam, sah nicht — und siegte." Die Anzahl der von den Meistern blind gespielten Partien wurde mit der Zeit immer höher geschraubt. Sportliche Motive, aber auch finanzielle Beweggründe der Schachmeister führten besonders in den Zwanziger Jahren zu ungeahnten Höchstleistungen im Blindsimultanspiel. Nach der einzigartigen Leistung von H. N. Pillsbury 1902 in Hannover (gegen 21 Hauptturnierspieler!) spielte der Ungar G. Breyer 1921 an 25 Brettern blind. Dann betrat Aljechin die Szene mit einem neuen Rekord. In New York trat er 1924 gegen 26 Spieler an, und ein Jahr darauf stellte sich Aljechin 28 Gegnern mit dem Resultat + 22 — 3 = 3.

Aus dieser Blindsimultanvorstellung am 1. Februar 1925 in Paris eine der 28 Partien. Die Vorstellung dauerte elf Stunden — von 10 Uhr vormittags bis abends 21 Uhr.

Aljechin—Potemkin

1.e4 Sf6

Witzig — der Gegner spielt die von Aljechin erst vor wenigen Jahren eingeführte Verteidigung: mal sehen, was er selbst dagegen spielt? 2.Sc3 d5 3.ed5: Sd5: 4.Lc4 Sb6 5. Lb3 c5 6.d3 Sc6 7.Sf3 Sa5 8.Se5 Sb3: 9.ab3: Sd7 10.Sc4 Sb6 11.Lf4 Sd5 12.Sd5: Dd5: 13.0—0 b5. Schwarz mußte den drohenden

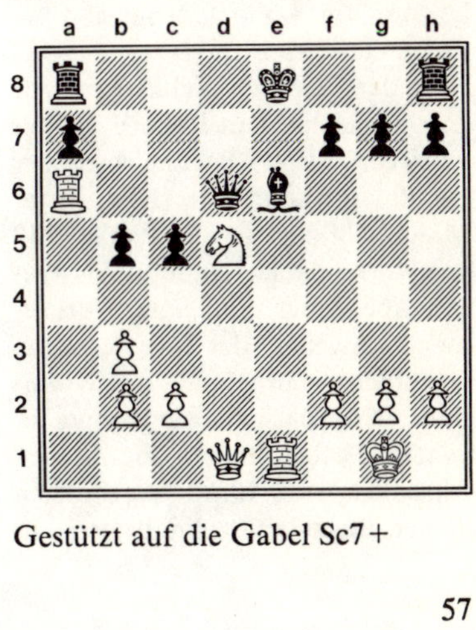

Gestützt auf die Gabel Sc7+

Qualitätsverlust Sb6 abwehren. 14. Se3 Dc6 15.d4 e6 16.d5 ed5: 17. Sd5: Ld6 18.Te1+ Le6 19.Ld6: Dd6: 20.Ta6!
20...Dd8 21.T1e6:+.
Auch 20...Dd7 hätte das Opfer nicht verhindert: 21.T1e6:+ fe6: 22.Te6:+ Kd8 23.Te7 Dd6 24.Dd2 a5 25.Tg7:! Te8 26.Dg5+ Kc8 27. f4 und Weiß gewinnt noch immer im Angriff.
21...fe6: 22.Te6:+ Kf7 (Kd7 23. Dg4!) 23.Te7+ De7: Schwarz muß die Dame geben, denn 23...Kg8 24. Df3 wäre noch schlechter.
24.Se7: Ke7: 25.De2+ Kf7 26. Dh5+ Kf6 27.Dc5: Thd8 28.g4 1:0.
Ein ähnlich gutes Resultat erreichte Reti mit der neuen Höchstleistung von 29 Partien in São Paulo: + 20 — 2 = 7. Weltmeister Aljechin schuf auf der Weltausstellung 1933 in Chikago mit der Blindsimultanvorstellung an 32 Brettern die Sensation! Ein Honorar von 2000 Dollar war der Lohn für die akrobatische Geistesleistung.
Nach dem Zweiten Weltkrieg wurde der Blindsimultan-Rekord höher getrieben. Mit 45 Partien setzte der aus Polen stammende Großmeister Miguel Najdorf in São Paulo 1947 den vorläufigen Schlußpunkt. Gegen Abend der eintägigen Vorstellung schwebte der argentinische Großmeister am Rande des Wahnsinns. Erst nach Tagen konnte er wieder Schlaf finden. Heute beschränken sich Blindvorstellungen in der Regel auf zehn Bretter. In Deutschland war es in den vergangenen Jahrzehnten nur noch Fritz Sämisch, der sich als Spezialist im Blindspiel betätigte. Während Exweltmeister Dr. Euwe sagt: „Solange ich sehen kann, spiele ich nicht blind“, ist Sämisch anderer Auffassung: „Sehen Sie die folgende Partie mit dem hübschen und effektvollen Schluß! Solche Partien ereignen sich viel häufiger in einer Blindsimultanvorstellung als in einer gewöhnlichen Simultanvorstellung und das ist kein Wunder, denn der Blindspieler muß sich anstrengen. Ich erachte es daher als nicht berechtigt, das Blindspiel als nutzlos oder überflüssig zu betrachten. Und gesundheitlich geschadet hat es mir bestimmt nicht.“ Da muß man dem Großmeister wohl beipflichten. Vergessen darf man aber auch nicht, daß oft materielle Not die Schachmeister zu Simultan- und Blindsimultanvorstellungen getrieben hat.

Blindsimultan

F. Sämisch—Dr. Stangl
1929 in Graslitz mit neun anderen Partien ohne Ansicht des Brettes gespielt.
1.d4 Sf6 2.c4 e6 3.Sc3 b6 4.e4 Lb4 5.Ld3 Lc3:+ 6.bc3: Lb7 7.f3 d6 8.Se2 Sbd7 9.Lg5 0—0 10.0—0 c5 11.f4 Dc7 12.d5.
In seinen Kommentaren schreibt Sämisch 1950 dazu: „Der Brettspieler hätte sofort Sg3 gezogen, aber für den Blindspieler gibt es

keine selbstverständlichen Züge, da er einfach nichts sieht! Die totale Dunkelheit, die ihn umgibt, schließt zwar nicht aus, daß er einen wunderbaren Tastsinn zu entwickeln und eine Stecknadel zu finden vermag, aber ebensogut kann er an dem höchsten Berg der Erde vorbeilaufen! Er ist da abhängig von der Disposition, der Stimme des Ansagers und von den übrigen Begleitumständen."

12...b5 13.Sg3 bc4: 14.Lc4: ed5: 15.ed5: a5 16. a4!

„Ich erinnere mich, daß ich seinerzeit die Behauptung aufgestellt habe, ich hätte bereits schon jetzt an das Hinüberspielen des Damenturms über a3 nach g3 gedacht. Das erscheint mir heute nicht glaubhaft, aber ausgeschlossen ist es trotzdem nicht. Es spielt sich nämlich blind leichter als am Brett, *weil die Brettangst entfällt* und das Vorhandensein des Gegners bzw. dessen Kräfte viel weniger respektiert werden, als es in der Brettpartie der Fall ist."

16...La6 17.La6: Ta6: 18. c4 Tb6 19.Ta3 Tc8 20. Sf5 Dd8? 21.Tg3 Kh8

22.Sg7:! Kg7: 23.Lf6:++ Kf6: 24.Da1+.

Und jetzt stellen sich die Züge 16.a4 und 19.Ta3 sogar noch als Räumungsmanöver für die Dame heraus.

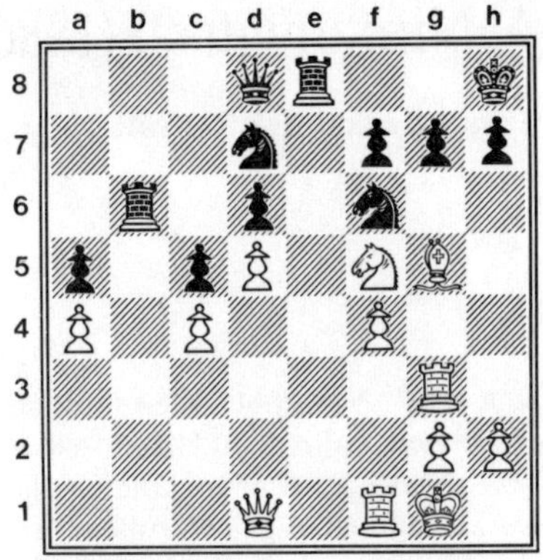

24...Se5 25.fe5:++ Ke7 26.Tf7:+! Kf7: 27.e6+ 1:0

Jung an Jahren starben der ungarische Meister Gyula Breyer (1893 bis 1921) und der österreichisch-böhmisch-ungarische Großmeister Richard Reti 1929 gerade 40 Jahre alt. Aber es ist heute erwiesen, daß weder der frühe Tod des Amerikaners Pillsbury noch der von Breyer und Reti mit dem Blindspielen im Zusammenhang steht.

Es stellt sich die Frage, weshalb dem Publikum von den heutigen Meistern diese Schaustellung nicht mehr geboten wird. Es geht den Schachmeistern materiell zufriedenstellend, sie sind mit Einladungen zu Turnieren (die entsprechend hochdotiert sind) ausgelastet. Was einst von einem Nimbus umgeben war, würde heute eher als ein Zeichen von Armut ausgelegt.

A. Nimzowitsch (1886–1935)

Schachdenker der Neuzeit

Den am 7. November 1886 in Riga geborenen baltischen Großmeister bezeichnete Spielmann einmal als das „Urbild eines ganz Großen, das Urbild eines Genies!" In seinem kurzen Leben hatte er einen erbitterten Kampf gegen Intoleranz und Spießbürgertum auszufechten. Erst gegen Ende der Zwanziger Jahre erstrahlte sein Schachstern in vollem Glanz. Der Sieger im Großmeisterturnier in Karlsbad 1929 vor Capablanca und Spielmann und allen Größen der damaligen Zeit, mit Ausnahme von Lasker, verschaffte Nimzowitsch auch die äußere Anerkennung der Schachwelt. Aaron Niemzowitsch, wie er sich ursprünglich schrieb (das „e" ging 1921 durch Versehen eines Zöllners im Paß verloren), kam im Jahre 1904 nach Berlin, gerade 17 Jahre alt. „Um irgend etwas zu studieren", schrieb später Jacques Mieses. Aber dann kam es auch bei Nimzowitsch zu dem geflügelten Wort, das in bezug auf den Schachmeister von Bardeleben kursiert: „Er studiert Schach und spielt Jura."

Die Zeitgenossen waren schockiert über die als neues System gepriesenen positionellen Ideen. Er war der erste, der nicht fragte: „Wer ist Steinitz?", sondern: *„Was ist Steinitz?"* In der „Wiener Schachzeitung" legte Nimzowitsch 1909 die Grundzüge seiner neuen Gedanken dar: Die Bauernketten sind erst an der rückwärtigen Basis, und erst dann an der Spitze anzugreifen * Zentrumspunkte sollen mehrfach überdeckt werden * die Türme gehören auf die 7.(2.) Reihe * die Freibauern sollen am besten durch Springer blockiert werden * Überhaupt führten die „Blockadebildung" und die Besetzung des Zentrums mit Figuren (anstatt mit Bauern) zu neuen Lehrsätzen des Positionsspiels. Später errangen seine beiden Bücher „Mein System" und „Die Praxis meines Systems" Weltruf. Weltmeister Petrosjan hat sie zu seiner Lieblingslektüre erklärt.

Endspieltrick von damals
Meisterturnier Berlin 1921

Zu jener Zeit, also 1921, war Nimzowitsch zwar schon ein reputierter Meister, aber seine großen Erfolge setzten erst in den kommenden

Jahren ein. Dem geteilten Sieg in Marienbad 1925 (mit Rubinstein) folgte 1926 in Dresden der Sieg vor Aljechin und Rubinstein, der Gewinn in Hannover 1926 vor Rubinstein, Dritter im Riesenturnier von New York 1927 (hinter Capablanca und Aljechin) und 1929 der krönende Erfolg seines Lebens in Karlsbad.

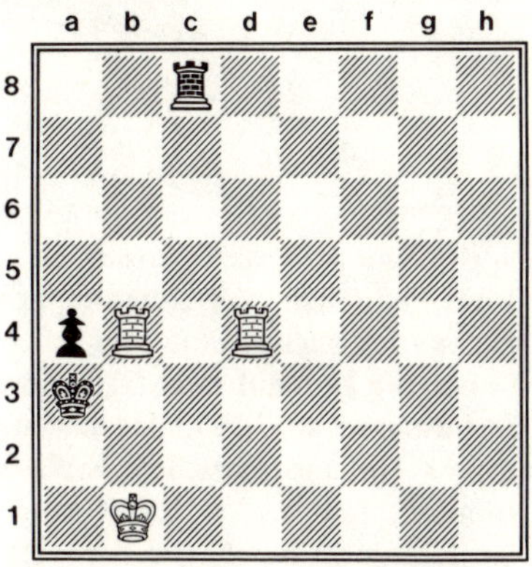

E. Post—A. Nimzowitsch

Der Meister zeichnet sich nicht nur durch große Siege aus, sondern ihn charakterisiert noch mehr die aussichtslos erscheinende Verteidigung, die dann plötzlich zum Erfolg führt. Nach sechsstündiger Spielzeit und 96 Zügen ließ der deutsche Meister Erhard Post für eine Sekunde in der Aufmerksamkeit nach. Auf 96...Tc8+ hatte er 97.Kb1?? gespielt (anstatt richtig 97.Tdc4). Nun konnte sich Nimzowitsch durch einen Endspieltrick retten:

97... Tc8—b8!!

Remis! Denn Weiß kann nicht anders als den Turm schlagen und ins Patt einwilligen.

Ein typisches Beispiel übrigens dafür, daß man auch in gewonnenen Stellungen die Augen stets offenhalten muß!

Nicht nur seine originellen Schachgedanken, sondern vor allem die gelungenen Partien Nimzowitschs wird der Nachspielende bewundern. Er wird sich auch vorstellen können, was man vor ungefähr sechzig Jahren über Eröffnungen dachte wie

1.e2—e4 Sb8—c6!

die nach Nimzowitsch benannte Eröffnung oder über den Beginn der Französischen Verteidigung mit

1.e2—e4 e7—e6
2.d2—d3!?

Diese wandte Nimzowitsch erstmals 1911 gegen Capablanca an.

Dr. Tartakower, von Beruf Rechtsanwalt, aber auch brillanter Schachschriftsteller, den man auch als Psychiater oder „Übersetzer“ der neuen Schachdenker bezeichnet, schreibt 1924 über Nimzowitsch: „Geheimnisvoll sind die Gesichtszüge des baltischen Großmeisters, nicht minder geheimnisvoll muten uns oft auch seine Schachzüge an. Originalität — dies ist der erste Eindruck seiner Spielweise. Effekthascherei scheint seine ständige Tendenz zu sein, und nur bei näherem Studium wird man der schachphilosophischen Tiefe gewahr, die Nimzowitsch bei seinen eröffnungstheoretischen Experimenten leitet. Auch in praktischer Beziehung überraschte uns alle der funkentelegrafische Stil seiner Spielweise, die entweder den schwerfälligen Verteidigungen des Philidor und Caro-Kann neue Seiten abgewann... Längst schon als erstklassiger Meister anerkannt, darf daher Nimzowitsch auch seinen unverkennbaren Einfluß bei der Revolutionierung des modernen Schachgedankens geltend machen."

Wir wissen, daß heute auf Meisterturnieren zahlreiche Partien gespielt werden, die den klassischen Schachauffassungen extrem widersprechen. Das Originelle und Ungewöhnliche im Stil der jungen zeitgenössischen Großmeister wie Ljubojevic, Beljawski, Westerinen, aber auch der schon älteren Großmeister wie Larsen und vor allem von David Bronstein, wäre ohne Nimzowitschs Ideen und Lehren nicht denkbar.

Berühmte Zugzwangstellung

F. Sämisch—Nimzowitsch

Kopenhagen 1923

Damenindische Verteidigung

1.d2—d4	Sg8—f6
2.c2—c4	e7—e6
3.Sg1—f3	

Umgeht die Nimzowitsch-Indische Verteidigung 3.Sc3 Lb4!. Diese von Nimzowitsch eingeführte Verteidigung ist ein absoluter Dauerbrenner der Turnierpraxis.

3...	b7—b6
4.g2—g3	Lc8—b7
5.Lf1—g2	Lf8—e7
6.Sb1—c3	0—0
7.0—0	d7—d5
8.Se5	c7—c6

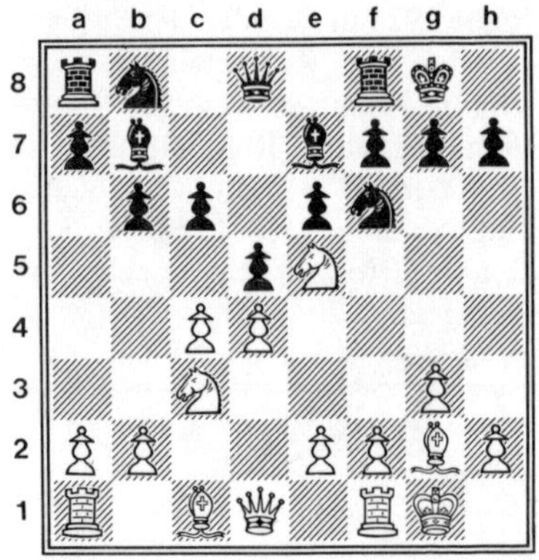

Noch heute wird diese Variante der Damenindischen Verteidigung genau so gespielt. Eine arglistige Täuschung kam auf zwei Großmeisterturnieren vor: 1973 Hochofenturnier Holland zwischen Ribli—Raduloff, und 1975 IBM-Turnier Amsterdam in der Partie Kawalek—Raicevic. Dort geschah:

9.e4! Sbd7? Ein Fehler, der Bauer und Partie kostet. Nur geringen Anzugsvorteil behält Weiß bei 9... dc4: 10.Sc4: Sbd7 usw. Jetzt folgt ein Figurenopfer.

10.Sc6:!! Lc6: 11.ed5: ed5: 12.cd5: Lb7 13.d6 Lg2: 14.de7: De7: 15. Kg2: Die Bilanz ergibt einen Mehrbauern für Weiß bei gesicherter Stellung: Kawalek gewann im 47. Zug.

9.c4xd5	c6xd5
10.Lc1—f4	a7—a6
11.Ta1—c1	b6—b5
12.Dd1—b3	Sb8—c6
13.Se5xc6	Lb7xc6

14.h2—h3 Dd8—d7
15.Kg1—h2 Sf6—h5!
16.Lf4—d2 f7—f5
17.Db3—d1

Von jetzt an droht der Aufzug e2—e4 den Sh5 anzugreifen.

17... b5—b4!
18.Sc3—b1 Lc6—b5

Verhindert zunächst e4 wegen Lf1:

19.Tf1—g1 Le7—d6!!

Ein pikfeiner Zug. Es wird Weiß erlaubt, sein Spiel zu befreien.

20.e2—e4 f5xe4
21.Dd1xh5 Tf8xf2

Die Gegenwerte für den geopferten Springer sind ausreichend: „zwei Bauern und ein Turm auf der 7. Reihe“ (nach der von Nimzowitsch patentierten Terminologie).

22.Dh5—g5 Ta8—f8

Droht T8f3 mit Eroberung des Bg3.

23.Kh2—h1 Tf8—f5
24.Dg5—e3 Lb5—d3

Eine letzte „Einrahmung“, die Te2 Damenfang beabsichtigt.

25.Tc1—e1 h7—h6!!

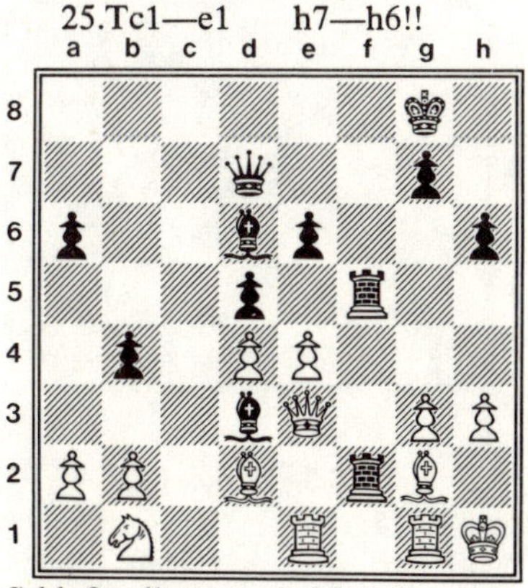

Schlußstellung nach 25...h6!

Bei fast vollem Brett kann Weiß mit keinem seiner Steine ziehen, ohne in materiellen Nachteil zu geraten:
a) Td1/c1 Te2 Damenverlust; b) Tgf1 Lf1: Turmverlust; c) Kh2 T5f3 Damenverlust; d) Lc1 Lb1: Verlust des Springers; e) g4 T5f3, und nach Lf3: setzt Th2 matt; f) a3 a5 und nach ab4: ab4: bleibt alles beim alten. Ebenso auch bei 26. h4 Kh7, der letzten Feinheit des klassischen Zugzwangs.
Nimzowitsch hat die Partie, die zu den klassischen Schönheitspartien zählt, deshalb nicht in sein Buch aufgenommen, weil sie ja nicht typisch zur Illustrierung seines Systems ist.

Typisch für Nimzowitschs Ideen ist diese Partie:

Nimzowitsch—Löwenfisch
Karlsbad 1911
Französisch

1.e2—e4 e7—e6
2.d2—d4 d7—d5
3.e4—e5 c7—c5
4.c2—c3 Sb8—c6
5.Sg1—f3 f7—f6

Obwohl schon vor Nimzowitsch andere Meister die Zentrums-Variante mit e4—e5 gespielt haben, wird diese Spielweise heute mit „Nimzowitsch-Variante“ bezeichnet. Schon damals lehrte Nimzowitsch, daß Bauernketten nur von ihrer rückwärtigen Basis aus, also über c5/d4 angegriffen werden müssen. Die Variante lautet heute:

5...Db6 6.Le2 cd4: 7.cd4: Sge7 8. Sc3 Sf5 9.Sa4 Da5+ 10.Ld2 Lb4 11.Lc3 Lc3:+ 12.Sc3: =. Oder 6.Ld3 cd4: 7.cd4: Ld7 8.0—0 Sd4: 9.Sd4: Dd4: 10.Sc3 a6! und das Bauernopfer wird sich kaum verzinsen. Oder 6.a3 c4 7.Le2 Ld7 8.0—0 f6 9.Sbd2 fe5: 10.Se5: Se6: 11.de5: 0—0—0 =

6.Lf1—b5	Lc8—d7
7.0—0	Dd8—b6
8.Lb5xc6	b7xc6
9.e5xf6	Sg8xf6
10.Sf3—e5	Lf8—d6
11.d4xc5	Ld6xc5
12.Lc1—g5	

Noch erkennt der Nachspielende nicht den weitausholenden Blokkadeplan von Nimzowitsch.

12....	Db6—d8
13.Lg5xf6	Dd8xf6
14.Dd1—h5+	g7—g6
15.Dh5—e2	Ta8—d8
16.Sb1—d2	0—0
17.Ta1—e1	Tf8—e8
18.Kg1—h1	Lc5—d6
19.f2—f4	c6—c5
20.c3—c4	Ld6—f8

Nimzowitsch sagt dazu in „Die Praxis meines Systems“: „Die Brücke zwischen dem immer ein wenig hinterhältigen Blockierungsspiel einerseits und einem dem Gegner offen ins Auge schauenden Angriffsspiel andererseits ist nie leicht geschlagen. Heute glaube ich, daß dies vielleicht am ehesten durch 20.Da6 zu erreichen gewesen wäre, z. B.: 20.Da6 Lb8 21.Sb3 De7 22. Sa5 usw. Oder 20. Da6 De7 21. Sdf3! und Weiß droht Da7: oder Sg5 folgen zu lassen. Nach 20.c4 Lf8 verliert Schwarz einen Bauern, doch dieser Verlust ist nicht schlimm, denn nun kommen die Läufer zu Wort, und Weiß wird es nicht leicht haben, sein auf Blockade eingestelltes Spiel plötzlich umzustellen.“

21.c4xd5	Ld7—c8
22.Sd2—e4	Df6—g7
23.d5xe6	

Besser war 23.d6, aber Nimzowitsch wollte ausprobieren, wie gefährlich ihn die Annahme des Bauernopfers kommt.

23...	Lc8xe6
24.De2—a6	Kg8—h8
25.Te1—d1	Le6—g8
26.b2—63	Td8—d4!
27.Td1xd4	c5xd4
28.Da6—a5	

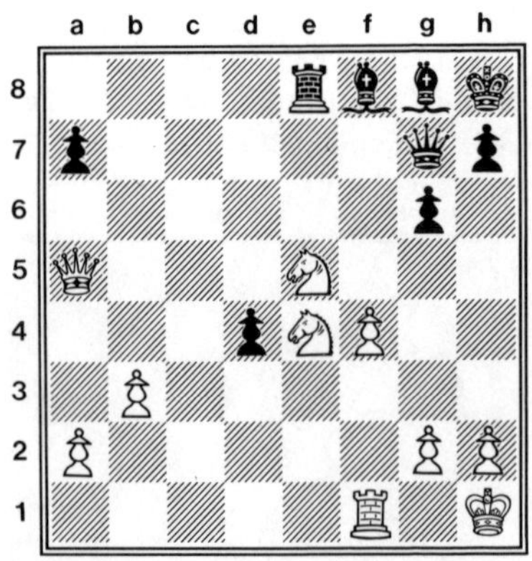

Nicht mit 28.Sg5? die Läufer reizen!

Weiß darf die mächtigen Läufer nicht mit Springerausfällen wie

28.Sg5 reizen, kommentiert der erfahrene Meister. Wohin so etwas führt, zeigt 28.Sg5 Le7 29. Se6 Df6! 30.Sc7 Da6: 31.Sa6: Tc8! Nicht Schwarz, sondern Weiß muß um sein Leben ringen.

28...	Ta8—c8
29.Tf1—d1	Tc8—c2
30.h2—h3	Dg7—b7
31.Td1xd4	Lf8—c5

Gewinnt jetzt Schwarz im Angriff?

32.Da5—d8!!

Von Nimzowitsch selbst mit zwei Ausrufezeichen verziert. Wenn jetzt 32...Ld4: 33.Dd4: Dg7, so gewinnt Weiß mit 34.Sd6! samt Se8 und dem Springerabzug auf der Schrägen d4—h8.

„Ist nun, so frage ich, diese Rettung als eine sich mehr zufällig ergebende anzusprechen? Nein, denn der ganze Vorgang ist typisch. Hat dein Gegner es verstanden, durch ein Bauernopfer deine zentrale Blockierung gegenstandslos zu machen, so bleibe hübsch im Zentrum und warte auf eine sich darbietende Gelegenheit, eine *zentrale Blockierungsschräge* zur Basis eines Rückopfers machen zu können. Dieses Rückopfer wird dann entscheidend wirken“ (Nimzowitsch). Das mag manchem nach schachlichem Sektierertum klingen, doch die Tatsachen stimmen.

32...	Lc5—e7
33.Dd8—d7	Db7—a6
34.Td4—d3	Le7—f8
35.Se5—f7+	Lg8xf7
36.Dd7xf7	Tc2—c8
37.Td3—d7	1:0

Die „häßlichen“ und „abscheulichen“ Züge

Die seltsamen und oft bizarr anmutenden Züge und Manöver von Nimzowitsch waren es, die ihm von seiten Tarraschs und anderen Schachspielern Spott und Hohn einbrachten. Tarrasch griff im wesentlichen die Eröffnungsneuerungen Nimzowitschs an, die nicht einmal Nimzowitschs Erfindung waren wie zum Beispiel die Variante

1.e2—e4	e7—e6
2.d2—d4	d7—d5
3.Sb1—c3	d5xe4

Sie wird als Rubinstein-Verteidigung bezeichnet. Das Zentrum wird von Schwarz frühzeitig aufgegeben, anstatt es mit dem klassischen Zug 3...Sf6 zu behaupten.

Die Rubinstein-Variante ergibt sich in der Französischen Verteidigung nach den Zügen

1.e2—e4	e7—e6
2.d2—d4	d7—d5
3.Sb1—c3	Sg8—f6
4.Lc1—g5	d5xe4

Wieder gegen die starren Leitsätze von der Behauptung des Zentrums gespielt! Tarrasch wetterte dagegen in Veröffentlichungen. Er nannte Nimzowitschs Züge „häßlich“ und „abscheulich“, wie Tarrasch ja schon auf 1.e2—e4 den Zug c7—c6 als unschön bezeichnet, weil der dem Sb8 das natürliche Feld c6 verstellt. Zwar gewann Nimzowitsch mit der Zentrumsvariante der Französischen Partie 1.e4 d5 2.d4 d5 3.e5 im Turnier von San

Sebastian 1912 gegen Tarrasch, verlor aber in der Entscheidungspartie gegen Rubinstein mit derselben Variante, weil er einen Fehler beging (es kostete Nimzowitsch den ersten Preis!). Nimzowitsch forderte Tarrasch dann öffentlich zu einem Wettkampf mit der von Tarrasch verdammten Variante heraus, aber der präzeptor germaniae nahm die Herausforderung nicht an. Nimzowitsch erwiderte: „Eine pauschale Verurteilung sei einfach, aber Hohn und Spott vermögen trotzdem nicht die neuen und siegreichen Ideen aufzuhalten."
Ein Manöver wie das von Nimzowitsch gegen Johner mit Dd8—d7/Dd7—f5/Df5—h7 wirkt verblüffend. Es brauchte lange, bis die tiefen Gedanken solcher positionellen Manöver von anderen akzeptiert worden sind. Solche Züge kamen bis dahin nur in Problemen vor!

P. Johner—Nimzowitsch
Dresden 1926
Nimzowitsch-Indisch

1.d2—d4	Sg8—f6
2.c2—c4	e7—e6
3.Sb1—c3	Lf8—b4
4.e2—e3	0—0
5.Lf1—d3	c7—c5
6.Sg1—f3	Sb8—c6
7.0—0	Lb4xc3

Heute werden beide Systeme der Nimzowitsch-Indischen Verteidigung angewandt: mit 7...d7—d5 und mit 7...Lb4xc3. Nimzowitsch erhob die Etablierung des Doppelbauernkomplexes c3/c4/d4 und seine Bekämpfung durch Schwarz zu einem strategischen Motiv.

8.b2xc3	d7—d6
9.Sf3—d2	b7—b6
10.Sd2—b3	e6—e5
11.f2—f4	e5—e4!
12.Ld3—e2	

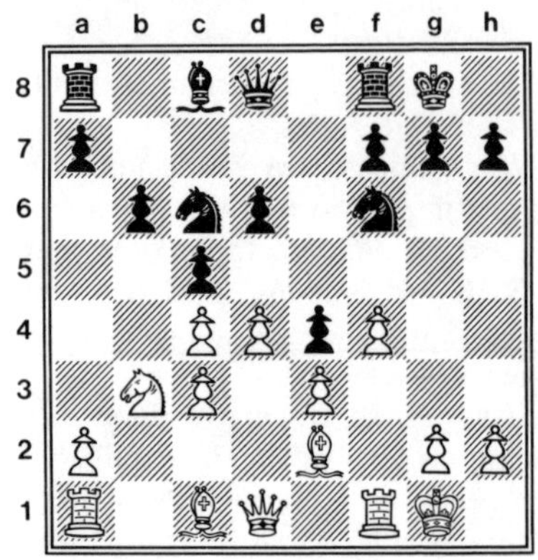

Skurilles Damenmanöver

12...	Dd8—d7!

Nimzowitsch: „Eine äußerst schwierige und komplizierte Hemmung wird hierdurch eingeleitet. Eine andere Hemmungsmöglichkeit bestand in 12...Se8, doch würde dies nach 13.g4 f5 14.d5 Se7 neuerdings zu einer Versteinerung führen; es fehlen eben die Springerfelder c5 und namentlich f5."

13.h2—h3	Sc6—e7
14.Dd1—e1	h7—h5
15.Lc1—d2	Dd7—f5!
16.Kg1—h2	Df5—h7!

Schwarz hat die Herrschaft über die weißen Felder am Königsflügel behalten — Weiß ist „weiß“ blokkiert.

17.a2—a4 Se7—f5
18.g2—g3 a7—a5
19.Tf1—g1 Sf5—h6
20.Le2—f1 Lc8—d7
21.Ld2—c1 Ta8—c8
22.d4—d5 Kg8—h8
23.Sb3—d2 Tf8—g8
24.Lf1—g2 g7—g5
25.Sd2—f1 Tg8—g7
26.Ta1—a2 Sh6—f5
27.Lg2—h1 Tc8—g8
28.De1—d1 g5xf4
29.e3xf4 Ld7—c8

Der Läufer wird auf den Bc4 angesetzt.

30.Dd1—b3 Lc8—a6
31.Ta2—e2

Besser als die Verteidigung des Bg3 mittels 31.Ld2 Tg6 32.Le1 Sg4+ 33.hg4: hg4:+ 34.Kg2 Lc4:! 35. Dc4: e3!! und gewinnt.

Das unterschwellige Damenopfer

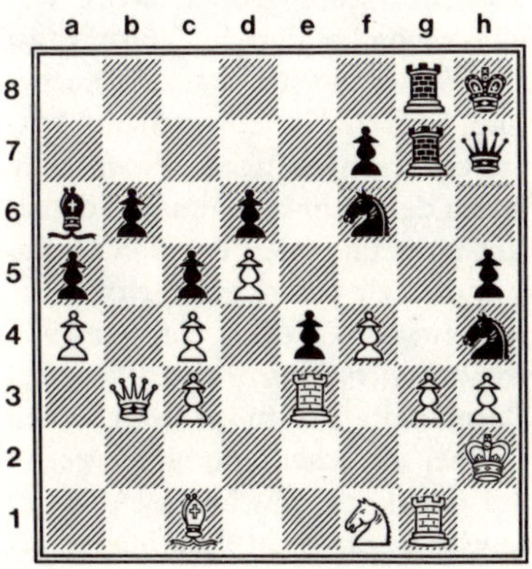

Stellung nach 32.Te3

31... Sf5—h4
32.Te2—e3

Auf 32.Sd2 Lc8 33.Se4: Df5! 34. Sf2 wäre das Damenopfer auf die weiße Stellung hereingeplatzt 34... Dh3:+! 35.Sh3: Sg4╪!

32... La6—c8
33.Db3—c2 Lc8xh3!

Wenn 34.Kh3:, so Df5+ 35.Kh2 Sg4+ außerdem matt in zwei Zügen.

34.Lh1xe4 Lh3—f5
35.Le4xf5 Sh4xf5
36.Te3—e2 h5—h4
37.Tg1—g2 h4xg3++
38.Kh2—g1 Dh7—h3
39.Sf1—e3 Sf5—h4

Stärker als 39...Th7 40.Kf1 Dh1+ 41.Tg1 und Weiß wäre für den Augenblick gerettet.

40.Kg1—f1 Tg8—e8!
0:1

Es droht 41...Sg2: 42.Tg2: Dh1+ 43.Ke2 und Dg2:+, da der Se3 gefesselt ist. Zählt für immer zu den Glanzlichtern der Schachliteratur!

Großmeister J. Mieses, der fast alle Meister der Klassischen Aera überlebte und erst 1954 im Alter von 90 Jahren starb, beurteilte das Genie von Nimzowitsch rechtzeitig richtig. Später schilderte er das Werk und Leben von Nimzowitsch: „Nun darf man bizarr nicht gleichbedeutend mit ungesund betrachten. Diesen Fehler haben nämlich seine Gegner gar oft zu ihrem Unglück gemacht. Sie gingen mit dem Vorurteil an die Stellung heran, daß Nimzowitschs verschrobener

Zug unmöglich gesund sein könne, also einen Haken haben müsse. Da der Zug aber in Wirklichkeit gar nicht ungesund, sondern nur bizarr war, so gab es auch keine Widerlegung, und im vergeblichen Bemühen, eine solche doch noch herauszufinden, verschwendeten sie ihre Bedenkzeit und Denkkraft, was oftmals den Grund zum Verlust der Partie legte. Je gründlicher man Nimzowitschs Partien studierte, desto mehr muß man die Tiefe seiner Positionsauffassung bewundern. Er war einerseits ein brillanter, sehr energischer Angriffsspieler, und andererseits hat er oft in der Verteidigung sehr schwieriger Stellungen eine defensive Virtuosität entfaltet. Man hat ihn daher nicht ohne Grund als einen *modernisierten Steinitz* betrachtet. Seine Strategie ist originell und weit berechnet; seine Taktik äußerst ideenreich. Eine Würdigung von Nimzowitschs Schachpersönlichkeit wäre aber unvollkommen, wenn man in ihm nur den hervorragenden Turnierspieler bewundern wollte. Ebenso hoch wie als Praktiker steht er als Schachdenker und Theoretiker... Er schließt sich den Bahnbrechern Philidor, Steinitz und Tarrasch an. Er ist einer der Hauptvertreter, *wenn nicht überhaupt der eigentliche Schöpfer* der sogenannten „Hypermodernen Schachpartie“. . . Seine neuen strategischen Dogmen über „Blockadebildung“, Besetzung des Zentrums mit Figuren anstatt mit Bauern usw. sind natürlich, wie alles Neue, auf Widerspruch gestoßen“. (Mieses 1953 im Schach-Taschen-Jahrbuch).

Wer heute die Turnierpartien der führenden Meister nachspielt, wird die Lehren und Ideen Nimzowitschs bestätigt finden; ja, in vielen Fällen versuchen die jungen Meister, ob sie nicht sogar weiter als Nimzowitsch gehen können.

Daß Nimzowitsch als Sucher und Künstler kein glücklicher Mensch war, lag auch an seinem unausgeglichenen Charakter. Er war in Kollegenkreisen nicht beliebt, zum Schachpublikum besaß er fast keinen Kontakt. Das lag an seinem „Inferioritätskomplex“, der schwer deprimierend auf ihm lastete, wie sich Mieses ausdrückte. Nimzowitsch war seinen Kollegen in vielem voraus, denn was etwa Botwinnik oder Robert Fischer an Verbesserungen bei Schachturnieren forderten und auch durchsetzten (Lasker gehörte als erster schon früher dazu), war alles schon bei ihm da. Obwohl fast alle Schachmeister starke Raucher sind, äußerte Nimzowitsch auf Turnieren einen heftigen Widerwillen gegen den Tabaksqualm. „Die meisten unter uns taten ihm den Gefallen, dies zu berücksichtigen“ (Mieses). Im New Yorker Turnier 1927 wandte sich Nimzowitsch an den Turnierleiter, er möge doch seinen Gegner ersuchen, im Spiel gegen ihn nicht zu rauchen. „Aber er raucht ja gar nicht!“ erwiderte erstaunt Großmeister Maroczy. „Das weiß ich“, sagte Nimzowitsch, „aber er droht zu rauchen, und Sie als Schachspieler wissen doch, daß die Drohung stärker ist als ihre Ausführung!“

Der Springer tanzt und schwingt die Keule

Nimzowitsch—Spielmann
New York 1927
Holländisch im Anzug

1.Sg1—f3 d7—d5

Einen Namen für diese Eröffnung zu finden, ist schon schwierig. Korrekt wäre „Zukertort“, weil 1.Sf3 so genannt wird; Reti-System wäre es nur, wenn 2.c4 folgt. Auch Damenindisch im Anzug wäre möglich, aber die Bezeichnung „Damenindisch“ wird nur als Verteidigung angewandt.

2.b2—b3	c7—c5
3.Lc1—b2	Sb8—c6
4.e2—e3	Sg8—f6
5.Lf1—b5	Lc8—d7
6.0—0	e7—e6
7.d2—d3	Lf8—e7
8.Sb1—d2	0—0
9.Lb5xc6	Ld7xc6
10.Sf3—e5	Ta8—c8
11.f2—f4	Sf6—d7
12.Dd1—g4	Sd7xe5

Aljechin tadelt im Turnierbuch Nimzowitschs Zug Dg4 (wenn auch bestechend auf f7—f5 12.Dg4xg7:+! drohe). Weiß sollte nicht alle seine Hoffnungen auf bedingungslosen Angriff setzen, sondern im strategischen Sinne fortsetzen mit 12. Sc6: Tc6: 13.e4! „Aber das ist schließlich und endlich Geschmacksache und Stilsache. Wie er spielt, erhält Nimzowitsch ebenfalls ein gutes, sicheres Spiel mit einigen Gewinnchancen.“

13.Lb2xe5	Le7—f6
14.Tf1—f3	Lf6xe5
15.f4xe5	Dd8—c7
16.Dg4—h5	h7—h6

Aljechin und Nimzowitsch kritisieren diesen Zug als einen Verteidigungszug zuviel. Richtig wäre 16... Le8! gewesen.

17.Ta1—f1 g7—g6?

„Spielmann muß irgendwelche Gespenster gesehen haben“, sagt Aljechin. In Frage kam 17...Le8 18. Tg3 f5 19.Dh6: De5: 20.Df4 Df6 21.Sf3. Das Bauernopfer führt zu einem verlorenen Endspiel.

18.Dh5xh6	Dc7xe5
19.Tf3—f6	De5—h5

Es drohte g4 nebst Tf3/h3.

20.Dh5:	g6xh5
21.Sd2—f3	Tc8—c7
22.Tf6—h6	f7—f6
23.Sf3—h4	Lc6—e8
24.Th6xf6	Tf8xf6
25.Tf1xf6	Tc7—e7

Nun wäre Sg6? ein Fehler wegen Kg7! gewinnt.

26.Kg1—f2	Kg8—g7
27.Tf6—f4	Le8—d7
28.Kf2—e2(?)	e6—e5!

Das Logos der Partie hatte verlangt, daß Weiß „schwarzfeldrig“ operieren muß. Daher mußte 28. Ke1! geschehen, damit der wK nicht ins Schachgebot des sL geraten kann.

29.Tf4—f5 Te7—e8

Und jetzt geht Th5: nicht wegen

Lg4+ — der Lapsus im 28. Zug.

30.Tf5—f2 e5—e4
31.Tf2—f4 Te8—e5
32.Ke2—d2 b7—b5
33.g2—g3 Ld7—h3!

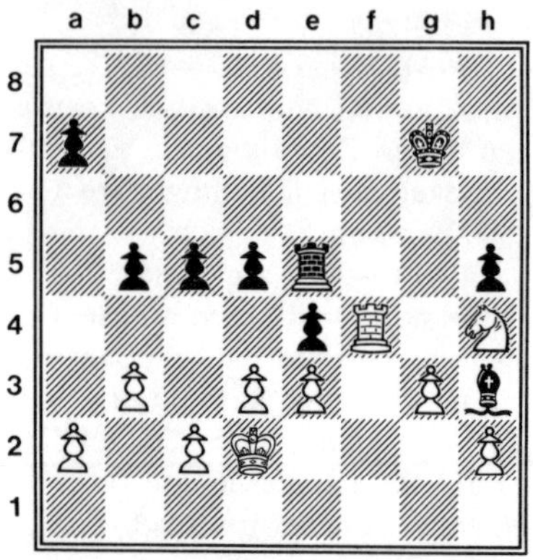

„Macht den Springer zu einem zeitweiligen Gefangenen“ (Nimzowitsch). „Der Springer soll wieder in belebte Gegenden geführt werden, — durch das Vorgehen des schwarzen e-Bauern ist ihm das Feld f4 frei geworden, und nach dem folgenden Bauerntausch im Zentrum wird auch e3 frei“ (Aljechin).

34.d3—d4 c5xd4
35.e3xd4 Te5—g5
36.c2—c3 a7—a5
37.Tf4—f2 a5—a4
38.Kd2—e3 a4—a3
39.Tf2—c2!

Droht stark c3—c4, was den Läufer engagiert und den Springer freiläßt.

39... Lh3—f1
40.Tc2—c1 Lf1—d3
41.Sh4—g2

Nimzowitschs Kommentare sind immer treffend und originell, um die Lage logisch und bildhaft zu beschreiben: *„Die Rollen sind vertauscht, nun ist der Läufer der Gefangene und der Springer tanzt um diesen und schwingt die Keule.“*

41... Tg5—f5
42.Sg2—f4 Kg7—f7
43.Tc1—d1 Kf7—e7

Längeren Widerstand hätte 43... Lc2 24.Td2 Lb1 geleistet.

44.Sf4xd3 e4xd3
45.b3—b4!

Ein Schlupfloch für den König! Es folgte noch 45...Kd6 46.Kd3: Tf2 47.Td2 Tf3+ 48.Kc2 Ke6 49.Te2+ Kd6 50.Kb3 Td3 51.Te5 h4 52. gh4: Th3 53.Th5 Kc6 54.Th6+ Kc7. Nimzowitsch spielt jetzt wieder mit großer Präzision. 55.h5 1:0.
Ein Motto von Nimzowitsch heißt: „Nach den Flügeln schielen, das Zentrum meinen ist der tiefste Sinn des Positionsspiels.“
Schon Wilhelm Steinitz hat entdeckt, daß gegen Flügelangriffe Aktionen im Zentrum die wirkungsvolle Waffe sind. Umgekehrt formuliert Nimzowitsch: *„Bei fester Zentralstellung sind Diversionen* (Unternehmen, „Ausflüge“) *mit noch so schleierhaften Zielen gestattet.“*

Dr. Vajda—Nimzowitsch
Schluß der Monologe. Das (blutige) Zwiegespräch kann beginnen!

Kecskemet 1927
Nimzowitsch-Verteidigung

1.e2—e4 Sb8—c6
2.d2—d4 d7—d5
3.Sb1—c3 e7—e6
4.e4—e5 Sg8—e7!
5.Sg1—f3 b7—b6
6.Sc3—e2

Weiß spielt auf den dunklen Feldern, Schwarz dagegen sichert sich die Herrschaft auf den weißen (f5, g4, a6—f1). Ein strategisches Motiv in einer modernen Variante der Französischen Verteidigung: *Adorjan—Forintos* (zwei Großmeister) in Wijk aan Zee 1974: 1.e4 e6 2.d4 d5 3.Sd2 b6 4.e5 La6 5.La6: Sa6: 6. c3 Dd7 7.De2 Sb8 8.Sgf3 Se7 9.0—0 h5 10.Te1 Sf5 11.Sf1 Sc6 12.Se3 Sce7 13.a4 Remis!

6... Lc8—a6
7.c2—c3 Dd8—d7
8.Se2—g3 La6xf1
9.Sg3xf1 h7—h5
10.Lc1—g5 Sc6—a5
11.Dd1—e2 a7—a6
12.Sf1—e3 Dd7—b5

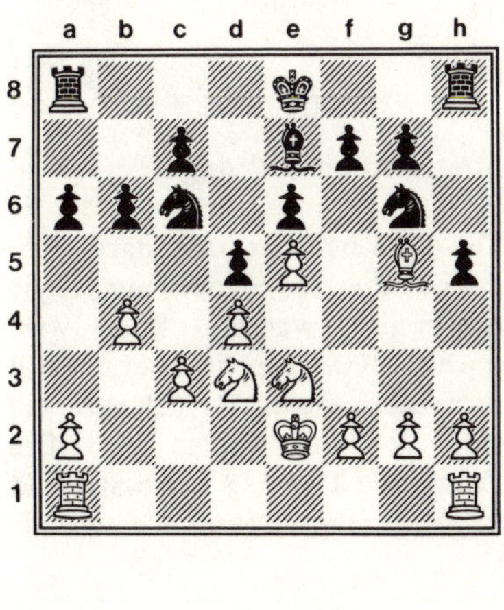

13.b2—b4 Db5xe2+
14.Ke1xe2 Sa5—c6
15.Sf3—e1 Se7—g6
16.Se1—d3 Lf8—e7

Nimzowitsch: Schluß der Monologe, das (blutige) Zwiegespräch kann beginnen!

17.Lg5xe7 Sc6xe7
18.f2—f4 Sg6—h4!

Erzielt die Idealstellung Sf5, die Weiß zu bekämpfen versucht.

19.g2—g3 Sh4—f5
20.Se3xf5 Se7xf5
21.Ke2—f3 a6—a5
22.a2—a3 Ke8—d7
23.h2—h3 a5xb4
24.Sd3xb4

Leider kann Weiß nicht wie gewünscht mit 24.ab4: zurückschlagen. Entweder erobert Schwarz den Bc3 durch 24...h4 25.g4 Sg3 26.Thc1 Se4 oder er wird mit dem Turm auf der a-Linie eindringen.

24... Ta8—a4
25.g3—g4 Sf5—e7
26.Kf3—e3! c7—c5

Diesen system- und positionsgerechten Vorstoß hat Schwarz bis zu diesem Zeitpunkt zurückstellen müssen.

27.Sb4—c2 Se7—c6
28.Ta1—b1 Th8—c8?

Viele Gefühls- und Stimmungswerte beeinflussen den Verlauf einer Schachpartie, vor allem aber die „Zeitnot". Diese Zeitnot war der Grund, daß Nimzowitsch die Folge 28...cd4: 29.cd4: Tc4 30.Kd3 Tc8 31.Tb6: Se5:+ 32.fe5: Tc3+ 33.Kd2 Tc2:+ 34.Ke3 g5 mit leichtem Gewinn übersehen hat.

29.Tb1xb6 c5xd4+
30.c3xd4 Tc8xc2
31.f4xe5 Sc6xe5
32.Tb6—b3 h5xg4
33.h3xg4 Tc2—g2
34.Tb3—b7+?

Mit 34.Kf3! konnte Weiß Remis erzielen (Ta2 35.Th7).

34... Kd7—c6
35.Th1—b1 Ta4xa3+
36.Ke3—f4 Ta3—a6
37.Kf4—g5 f7—f6+
38.e5xf6 g7xf6+
39.Kg5xf6 Tg2xg4
40.Tb7—e7 Tg4—f4+
41.Kf6xe6 Tf4xd4
42.Ke6—f5 Ta6—a4
43.Te7—e6+ Kc6—c5
44.Kf5—f6 Td4—f4+
45.Kf6—e7 Ta4—a7+
46.Ke7—e8 Tf4—e4
0:1

Nimzowitsch hält diese Partie für eine bedeutende strategische Leistung. „Wer hätte es gewagt, den Vorstoß c7—c5 bis zum 26. Zug hintanzuhalten, jenen alleinseligmachenden Vorstoß, ohne den sich zum Beispiel Dr. Tarrasch überhaupt keinen Kampf und keinen wie immer gearteten Widerstand gegen eine feindliche Bauernkette denken kann! *Fürwahr, in dieser Partie ist Neuland gezeigt worden.*“ Nimzowitsch hat nicht übertrieben. Sehen wir eine moderne Partie mit demselben Bauernkettenproblem an:

Makarewitsch—Timman
IBM-Turnier Amsterdam 1975
Französisch

1.e4 e6 2.d4 d5 3.Sc3 Lb4. Dieser Läuferzug wurde ebenfalls von Nimzowitsch in die Turnierpraxis eingeführt. 4.e5 b6 5.Dg4 Lf8! 6. Sh3 Dd7.

Das wäre aber im Jahre 1927 zu weit gegangen. Über die Rücknahme des gerade erst entwickelten Läufers nach f8 und über den schwarzen Damenzug in der Eröffnung hätten die Experten den Bannstrahl verhängt!

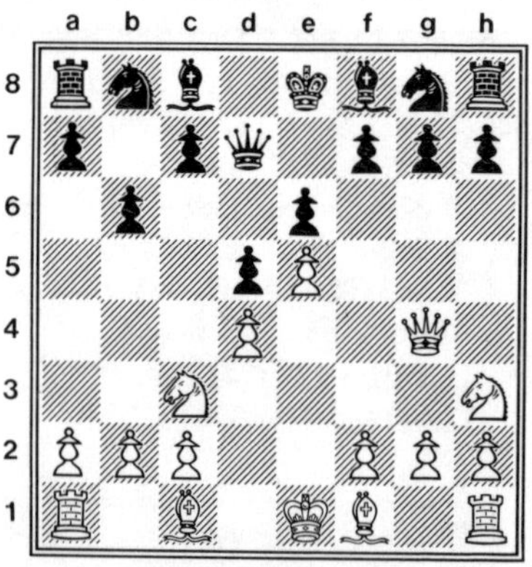

Strategischer Rückzug

Die schwarze Stellung darf nicht auf den dunklen Feldern mit 5...g6? geschwächt werden. Eher wird noch 5...Kf8 gespielt. Hier freilich nicht durchdacht, da Schwarz die lange Rochade wählen wird. Die Züge wie 5.Dg4 Lf8 und 6.Sh3 sind keine Eintagsfliegen oder Eröffnungsexperimente, sondern stellen gültige Theorie dar, wie sie von allen Großmeistern akzeptiert ist.

7.Lg5 Sc6 8.0—0—0 Lb7 9.Kb1 h6. Erst jetzt dieser Zug. 10.Lh4 Sge7 11.Sf4 Sf5 12.Sh5 Sh4: 13. Dh4: De7 14.Dg4 0—0—0 15.h4 Kb8 16.Th3 Sa5 17.Se2 c5.

Auch hier erfolgt erst relativ spät dieser lebenswichtige Vorstoß. Der junge holländische Großmeister liefert ein Paradebeispiel moderner Schachstrategie — sie sind alle die Nachfahren von Reti und Nimzowitsch!

18.dc5:bc5: 19.Df4 Dc7 20.Sc1 Sc6 21.Te1 d4 22.Tb3 Sa5 23.Tg3 g6 24.Sf6 c4 25.Td1 g5! 26.hg5: hg5: 27.Dd2.

Oder 27.Dg5: Lh6 28.Dg4 De5: usw.

27...Db6 28.Ka1 Th1!

Die versteckte Drohung hätte mit Le2 abgewehrt werden sollen. Schwarz steht aber auf alle Fälle schon auf Gewinn.

29.Th3 Tf1:!

30.Tf1: c3!

Wegen der Drohung Sc4 samt Db2:‡ muß Weiß einen Turm zurückopfern und bleibt danach mit einer Figur im Hintertreffen.

31.Tc3: dc3: 32.Dc3: Lb4 33.Dg3 Sc4 34.Sb3 a5 35.Dg4 a4 36.Th1 (36.Dc4:? La6!) Se5: 37.Dg5: Dc7 38.Sc1 a3 39. Sb3 ab2:+ 40. Kb1 Sc4 0:1.

Aljechin-Eröffnung

1.e2—e4 Sg8—f6

Neben dem Internationalen Turnier in London 1962 (das ebenfalls Anderssen gewann) fand ein Ausgleichsturnier statt, an dem sich neben schwächeren Spielern auch die Meister vom Hauptturnier beteiligen durften — aber mit Springervorgabe. Dort spielte Anderssen gegen Pearson: 1.e4 Sf6? „Der entscheidende Fehlzug!“, kommentierte Dr. von Gottschall im Jahre 1913(!) in seinem berühmten Anderssenbuch. Zehn Jahre später

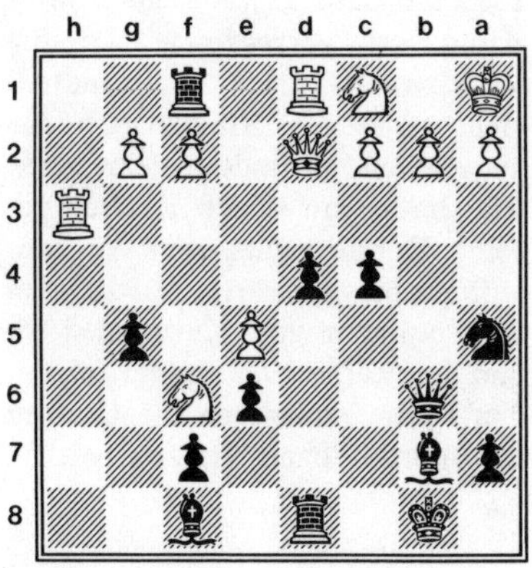

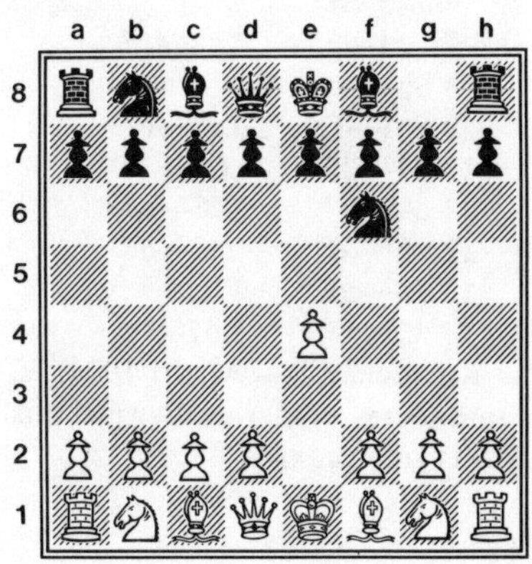

führte Aljechin diese Verteidigung in die Turnierpraxis ein.
Der Springerzug provoziert das Vorgehen des weißen Königsbauern, und weitere Bauernzüge werden notwendig sein, um den vorgeschobenen Be5 zu stützen. Bald wird der Angriff des unerfahrenen Spielers ins Stocken geraten, die weißen Bauern werden zersplittert und schwach sein, der Gegenangriff setzt rasch ein, und die weiße Stellung fällt wie ein Kartenhaus zusammen. Die Aljechin-Verteidigung ist eine Mischung von „offener" und „halboffener" Eröffnung. Nur eine der Normalvarianten:

2.e4—e5	Sf6—d5
3.c2—c4	Sd5—b6
4.d2—d4	d7—d6

Weiß muß sich entscheiden, entweder stützt er den Be5 oder es wird auf d6 getauscht.

5.f2—f4	d6xe5
6.f4xe5	Sb8—c6

Auch 6...Lf5 ist möglich mit der Fortsetzung 7.Sc3 e6 8. Le3 Lb4! 9.Sf3 c5 =

7.Lc1—e3	Lc8—f5
8.Sb1—c3	e7—e6
9.Sg1—f3	Lf8—e7
10.d4—d5	e6xd5
11.c4xd5	Sc6—b4
12.Sf3—d4	Lf5—d7
13.e5—e6	f7xe6
15.d5xe6	Ld7—c6

= Kurpreitschik—Alburt 1974.
Ein anderes modernes Beispiel aus der Turnierpraxis:

Beljawski—Palatnik, SU 1974

1.e4 Sf6 2.e5 Sd5 3.d4 d6 4.Sf3 Lg4. Das bevorzugte System sieht zwar nicht so ehrgeizig aus, ist aber genauso wirkungsvoll. 5. Le2 e6 6. h3 Lh5 7.0—0 Le7 8.c4 Sb6 9.Le3 0—0 10.Sc3 d5. Eine Standardspielweise. 11.c5 Lf3: 12.Lf3: Sc4 13.b4 b6 =.
Wie skeptisch Neuerungen betrachtet werden, zeigt eine Bemerkung im Turnierbuch des DSB-Kongresses von Frankfurt 1923. Dort schreibt Vukovic zur Eröffnung *Becker—Grünfeld* (in der „Wiener Schachzeitung"): 1.e4 Sf6 2.Sc3. „Ob 3.e5 die Widerlegung von Aljechins Spielweise ist, oder ob der Bauernvorstoß einen Positionsfehler darstellt, darüber wird man sich noch lange die Köpfe zerbrechen." Selbst für Meister war also die psychologische Barriere schwer zu durchbrechen.
Doch zurück zu Nimzowitsch. Er hatte im Turnier von Baden-Baden 1925 mit dem 9. Rang einen Mißerfolg zu verzeichnen. Dreißig Schachvorstellungen in Skandinavien, zu denen Nimzowitsch aus materiellen Gründen gezwungen war, hatten an seinen Kräften gezehrt. Dennoch ging sein Weg unaufhaltsam vorwärts bis zu den Höhepunkten von Karlsbad 1929 und San Remo 1930. In der folgenden Partie amüsieren die Glossen des unorthodoxen Nimzowitsch.

Nimzowitsch—Reti
Baden-Baden 1925
Aljechin-Verteidigung

1.e2—e4	Sg8—f6
2.Sb1—c3	d7—d5
3.e4—e5	Sf6—d7
4.Sc3xd5	Sd7xe5
5.Sd5—e3	

Eine von mir herrührende Neuerung, die indes wohl kaum als Widerlegung der Aljechin-Eröffnung angesprochen werden kann.

5...	Sb8—c6
6.b2—b3	e7—e6
7.Lc1—b2	Lf8—e7
8.f2—f4	Se5—g6
9.Lb2xg7	Th8—g8
10.Lg7—b2	Sg6xf4
11.g2—g3	Sf4—d5
12.Lf1—g2	Sd5xe3
13.d2xe3	Lc8—d7
14.Dd1—f3	

Um durch 0—0—0 die weit überlegene Stellung zu erlangen.

14...	Le7—b4+!

Diesen feinen Zug hatte Reti bereits bei Ld7 geplant. Weiß hätte wohl besser getan, die Dame nach d2 statt nach f3 zu spielen.

15.c2—c3	Lb4—c5
16.b3—b4	Lc5—b6
17.Sg1—h3	Sc6—e5
18.Df3—e2	

Anscheinend war De4 besser, denn jetzt konnte zur Abwechslung Schwarz gewinnen mit 18...La4! drohend Sg4.

18...	Ld7—d6
19.Lg2xc6+	b7xc6
20.Ta1—d1	Dd8—f6

Drohend Sf3+.

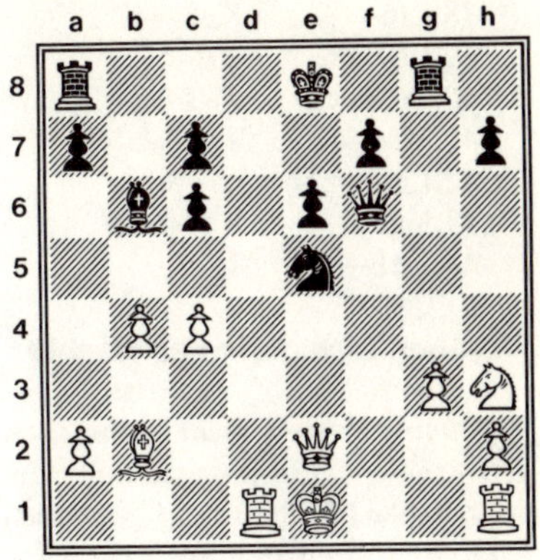

21.c3—c4!!	

Diese unerwartete Parade gewinnt eine Figur *trotz Sträuben und Abzugschachs!*

21...	Se5—f3+
22.Ke1—f2	Sf3—d4+
23.Kf2—g2	Sd4xe2
24.Lb2xf6	Tg8—g6

(Oder Le3: 25.Kf3!, nicht aber 25. The1? Sf4+!)

25.Lf6—b2	a7—a5
26.c4—c5	Lb6—a7
27.a2—a3	a5xb4
28.a3xb4	Tg6—g4
29.Th1—e1	

Das „Urteil" wird vollstreckt. Schwarz könnte nun aufgeben.

29...	Tg4xb4
30.Te1xe2	La7xc5
31.Lb2—f6	Lc5—d6
32.e3—e4	Tb4—b5
33.Te2—d2	e6—e5
34.Sh3—g5	h7—h6
35.Sg5—f3	Ta8—a4
36.Td2—e2	Ta4—a3
37.g3—g4	Ta3—a8

38.Lf6—g7	Ke8—e7
39.Lg7xh6	c6—c5
40.Te2—c2	Ta8—a4
41.Sf3—d2	Tb5—b4
42.Lh6—e3	c5—c4
43.Kg2—f2	Ke7—d7
44.Td1—c1	1:0

Worüber Tschigorin nachdachte

Weshalb hat Reti nicht früher gegen seinen Großmeisterkollegen aufgegeben? Nimzowitsch schildert einen ähnlichen Fall aus dem Turnier Karlsbad 1907, als er gegen Michael Tschigorin zu spielen hatte. Tschigorin war damals 57 Jahre alt und durch eine tückische Krankheit bereits ein todgeweihter Mann. Er wußte über seinen hoffnungslosen Zustand Bescheid.
Tschigorin kam gegen Nimzowitsch in Karlsbad 1907 in eine aussichtslose Stellung. Er versank in tiefes Nachdenken. Als er endlich die Partie aufgab, fragte ihn Nimzowitsch höflich: „Erlauben Sie mir eine bescheidene Frage. Warum haben Sie so lange nachgedacht, wo doch absolut nichts mehr zu erfinden war?“ „Ach, das habe ich natürlich gesehen“, meinte Tschigorin, „aber ich habe darüber nachgedacht, was aus der Partie geworden wäre, wenn ich vor 10 Zügen anders gespielt hätte“ ... Dazu meinte Nimzowitsch: „Ist dies nicht ein ergreifender Beweis andächtigster, alles überragender Schachliebe?“

Schach, ein zweckloses Spiel?

Nimzowitsch gewann 1926 das Jubiläumsturnier des Hannoverschen Schachklubs vor Rubinstein und Freiherr von Holzhausen. Der Schachfreiherr setzte sich im Turnierbuch mit der Frage auseinander, die Freunde oder Kritiker des königlichen Spiels immer wieder bewegen wird:
Weshalb wird denn eigentlich von diesem Spiel soviel Aufhebens gemacht; es ist ja nur ein Spiel, bei dem man nichts gewinnen kann, und das den Idealismus der wenigen auf die Probe stellt, die es als Beruf betreiben. Die Antwort ist nicht leicht zu geben. Für den Schachspieler versinkt die übrige Welt, wenn er an den 64 Feldern sitzt. Ihn umgibt eine andere, in der es alles Lästige und Unangenehme des Lebens nicht gibt, in der er die Freude am geistigen Kampf, an unerwarteten Einfällen und an sinnreichen Entwürfen genießt und wo das Gemeine, der Eigennutz, keine Stätte hat. Die Verehrung für die Meister des Spiels und der Schachaufgabe entspringt dem Dank dafür, daß sie diese Welt farbig beleben, und der Bewunderung für den Geist, mit dem sie es tun. Wenn man das Schach als geistigen Sport bezeichnet, so geschieht es mit Recht, falls man damit mahnen will, den körperlichen Sport nicht *allein* zu pflegen. Aber eigentlich ist es viel mehr. Es ist ein *Spiel, und also zwecklos.* Aber wie vieles

im Leben erweist es sich am Ende ohne Zweck, obwohl man sich so heiß darum bemüht hat! Das Schachspiel hilft dazu, die irdischen Dinge nach ihrem eigentlichen Wert einzuschätzen, nichts ernster zu nehmen, als es notwendig ist, den Menschen vernünftiger und damit auch besser zu machen. *Und so erweist sich gerade das scheinbar ganz Zwecklose als zweckvoll!*

Nimzowitsch—Duhm
Hannover 1926
Bremer Partie (Englisch)

1.c2—c4

Sämisch dazu im Turnierbericht: „Diese frühe und selten nur von Carls angewandte Eröffnung hat zuerst von Reti und in letzter Zeit besonders von Nimzowitsch in ungeahntem Maße Bereicherung erfahren. Da jeder der drei genannten Meister eigene Wege geht und einen anderen Aufbau anstrebt, der Zug c2—c4 allein noch keine besondere „Erfindung" ist, läßt sich nicht leicht dieser Erfindung einen Namen geben. Man könnte sagen: Eröffnung c2—c4 Nimzowitsch-System. *Aber schließlich hat das Nimzowitsch in jeder Eröffnung"* (Sein System).

Heute hat sich in der Terminologie eingebürgert: in Deutschland „Bremer Partie" (nach dem Bremer Bankdirektor und Meister von Deutschland Carl Carls), und außerhalb Deutschlands „Englisch", nach Staunton und anderen englischen Meistern vor der Jahrhundertwende, die als erste den Zug 1.c4 anwandten.

1...	e7—e6
2.e2—e4	

„Seine" neueste Idee! (Wenn auch früher schon von Aljechin versucht.)

2...	c7—c5
3.Sb1—c3	Sb8—c6
4.f2—f4	d7—d6
5.Sg1—f3	g7—g6
6.d2—d4!	Lf8—g7
7.d4xc5	d6xc5
8.Dd1xd8:+	Ke8xd8
9.e4—e5	h7—h5
10.Lc1—e3	b7—b6
11.0—0—0+	Kd8—e7
12.Le3—f2	Sg8—h6
13.Lf2—h4+	Ke7—f8
14.Lf1—d3	Lc8—b7
15.Ld3—e4	Sc6—a5
16.Le4xb7	Sa5xb7
17.Td1—d7	Ta8—b8
18.Th1—d1	Kf8—g8
19.Lh4—e7!	Sh6—f5

Es drohte das Qualitätsopfer Tb7:!

20.Sf3—g5	Tb8—e8
21.Le7—f6	Le7xf6
22.e5xf6	Sb7—a5
23.Td7—d8	Kg8—f8
24.Td1—d7	Sf5—h6
25.Sc3—e4	Sa5—c6

(S. Diagramm S. 78)

Zweifellos ist die schwarze Stellung positionell längst eine Ruine. „Nimzowitsch hat ein neues Schulbeispiel für die ‚Blockade' geliefert".

26.Td7xf7+!	Sh6xf7
27.Sg5xe6+	Kf8—g8
28.Td8xe8+	Kg8—h7
29.Se4—g5+	1:0

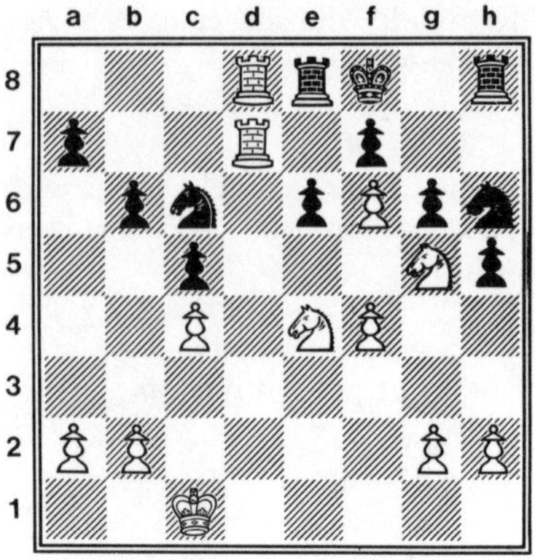

Stellung nach dem 25. Zug

Nimzowitsch hatte damals seinen Wohnsitz in Kopenhagen. Ganz allmählich findet seine Persönlichkeit und seine neuen Ideen die Beachtung im Schachpublikum, ohne natürlich die später erreichte Bedeutung schon zu erahnen. Das Turnierbuch von Hannover stellt Nimzowitsch damals so vor: „Schon in seiner frühesten Jugend erregte er Aufsehen durch seine genialen Gedanken. Allerdings trat auch oft ein scheinbarer Hang zu — im Sinne der damaligen Zeit — bizarren, verschrobenen Plänen hervor. Man muß Nimzowitsch als den Vater des modernen, oder wenn man will, auch „hypermodernen" Schachs bezeichnen. Fast alles, was jetzt modern ist und oft als eine revolutionäre, aber doch schöpferische Tat angesehen wurde, läßt sich irgendwie auf Nimzowitsch zurückführen. Unaufhörlich ist dieser sprühende Geist bestrebt, neue Gedanken, Ideen und Pläne zu ersinnen. Obwohl schon vor dem Krieg ein erfolgreicher Turnierkämpfer — man erinnere sich nur an San Sebastian 1912, wo er den 2. Preis gewann — ist er in den letzten Jahren zu einem Meister ersten Ranges herangereift. In Kopenhagen 1923 gewann er den 1. Preis, 1925 in Marienbad den 1. und 2. Preis geteilt mit Rubinstein, in Breslau 1925 zweiter Preis und zuletzt gewann er 1926 in Dresden mit $8^1/_2$ Zählern aus neun Partien, $1^1/_2$ Zähler vor Aljechin, den ersten Preis.

Die Vollendung

Wie der Leser weiß, bedeutete das Großmeisterturnier von Karlsbad 1929 für Nimzowitsch den Triumph seines Lebens. Nicht nur, weil er das überaus schwierige Turnier der 22 Großmeister einschließlich Capablanca, Rubinstein, Bogoljubow, Dr. Euwe — lauter potentielle Weltmeisterkandidaten (nur Lasker und Aljechin fehlten) — gewann, sondern weil sich jetzt auch in aller Öffentlichkeit sein Stil und seine Neuen Ideen durchgesetzt hatten. Freilich zehrte diese Anstrengung um den Sieg der Ideen am Lebensnerv von Nimzowitsch: „Einmal in der Glorie gestanden zu haben — wenigstens dieses eine Mal — er zog es allem anderen vor, selbst den paar Lebensjahren, die ihm noch ohne die Mühsal dieser Glorie vielleicht noch geschenkt worden wären. Von jetzt an ging es entschieden abwärts. Der kolossale Energieverbrauch des Riesenturniers hatte Nimzowitsch vor allem physisch ausgehöhlt“ (Dr. Hannak in „Mein System“).

Mattison—Nimzowitsch
Karlsbad 1929, 12. Runde
Nimzowitsch-Indisch

Ein Kleinod als Nachziehender, denn schon nach 23 Zügen muß der Amateurweltmeister aus Riga aufgeben. Zur Debatte steht die Bekämpfung des Doppelbauerkomplexes c3/c4/d4 durch Nimzowitsch, damals nur den führenden Meistern als modernes positionelles Thema bekannt. Robert Fischer nahm in seinem WM-Match gegen Spassky 1972 das Thema wieder auf. Bobby erfocht einen Glanzsieg in nur 22 Zügen!

1.d2—d4	Sg8—f6
2.c2—c4	e7—e6
3.Sb1—c3	Lf8—b4
4.Sg1—f3	Lb4xc3+
5.b2xc3	d7—d6
6.Dd1—c2	Dd8—e7
7.Lc1—a3	c7—c5

Man muß bedenken, daß das Vorgehen von Weiß gegen Nimzowitschs Aufstellung — geplanter kombinierter Angriff gegen die schwachen Bc4/c3 — damals noch nicht zum strategischen Rüstzeug der Turnierspieler gehörte.

8.g2—g3	b7—b6
9.Lf1—g2	Lc8—b7
10.0—0	0—0
11.Sf3—h4	Lb7xg2
12.Kg1xg2?	De7—b7+!

Weiß hätte mit dem Springer auf g2 zurücknehmen müssen, nun ist die erwünschte Rückkehr des Springers nicht möglich: 13.Sf3? g5! 14.Dd2 h6! und der Springer fällt.

13.Kg2—g1	Db7—a6
14.Dc2—b3	Sb8—c6
15.Tf1—d1	Sc6—a5
16.Db3—b5	Da6xb5
17.c4xb5	Sa5—c4

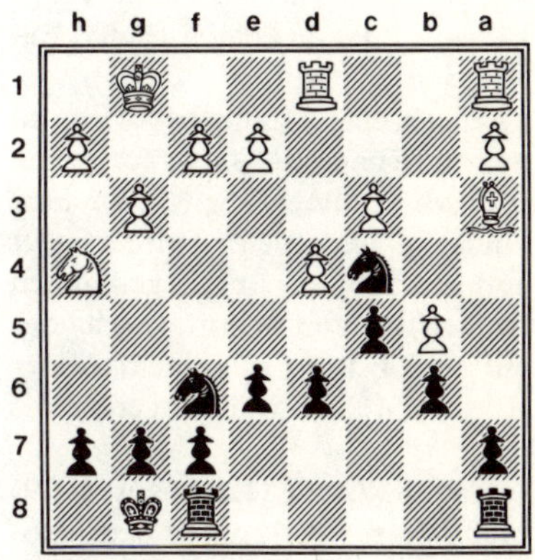

Stellung nach 17...Sc4

Weiß ist seinen Doppelbauerkomplex zwar los, hat aber ein um so mehr verlorenes Spiel. Der vorläufig unvertreibbare Springer auf c4 mit seiner Überlegenheit gegenüber dem weißen Läufer prägt das positionelle Übergewicht für Schwarz:

18.La3—c1 a7—a6!

Entdeckt eine neue Schwäche im weißen Lager, nämlich den Ba2.

So kann Weiß keine Zeit für ein Hinauswerfen des Sc4 gewinnen, etwa mit Sh4—f3—d2.

19.b5xa6	Ta8xa6
20.d4xc5	b6xc5
21.Sh4—g2	Sf6—d5
22.Td1—d3	Tf8—a8
23.e2—e4	Sc4—e5!
0:1	

Nach der 14. Runde waren es noch immer Capablanca und Spielmann mit je 10 Punkten, Dr. Vidmar mit 9$^1/_2$ Punkten, die für den Turniersieg in Frage kamen. Dem kubanischen Exweltmeister wurden die besten Chancen eingeräumt, bevor ihn in der 16. Runde das Geschick gegen Sämisch ereilte (s. Seite 54). Eine Umfrage nach dem Turniersieger enthielt nur die drei genannten Namen — von Nimzowitsch, der auf dem 4. Rang mit einem Zähler Rückstand lag, war nirgends die Rede.

In der 18. Runde (22. August 1929) muß Nimzowitsch gegen den jugoslawischen Schachfelsen Dr. Vidmar antreten, mit Schwarz! Um den Anschluß an Capablanca und Spielmann zu halten, mußte Nimzowitsch gewinnen. Der Stand vor der 18. Runde lautete an der Spitze: Capablanca, Spielmann je 12, Nimzowitsch 11$^1/_2$. Der Kubaner besiegt in einem Kunstwerk unauffälliger Schönheit den belgischen Großmeister Colle, und auch Spielmann — in der Form seines Lebens — kämpfte seinen Gegner Dr. Treybal nieder. Er wird zwei Runden später die Sensation schaffen und Capablanca zerschmettern.

Dr. Vidmar—Nimzowitsch
Damenbauernspiel

Es wird eine Partie von „dunkler Schönheit", wie die zeitgenössische Kritik trefflich urteilte.

1.d2—d4	Sg8—f6
2.Sg1—f3	e7—e6
3.Lc1—g5	c7—c5
4.e2—e3	Dd8—b6
5.Dd1—c1	Sb8—c6

Er lädt ein zu der Aufreißung Lf6. Doch Vidmar lehnt dankend ab.

6.c2—c3	d7—d5
7.Lf1—d3	Lf8—d6
8.Sb1—d2	c5xd4
9.e3xd4	Sf6—h5!
10.Sd2—f1	h7—h6
11.Lg5—d2	Db6—c7

Den Kampf um das Feld f4 hat Schwarz gewinnen dürfen (Weiß will nicht g3 spielen).

12.Sf1—g3	Sh5—f4
13.Ld2xf4	Ld6xf4
14.Dc1—d1	g7—g6
15.0—0	h6—h5
16.Tf1—e1	0—0
17.Dd1—e2	Kg8—g7
18.Ta1—d1	Tf8—h8!
19.Sg3—f1	h5—h4
20.Sf3—e5?	

Ein Fehler, der einen Bauern und dadurch später die Partie kostet. Weiß sollte mit 20.Se3 die Reise nach g4 ins Auge fassen; f7—f5 wäre dagegen bereits eine zweischneidige Maßnahme.

20...	Sc6xe5

21.d4xe5 Th8—h5
22.g2—g3 Th5xe5
23.De2—f3 Te5—g5!
24.Kg1—h1 h4xg3
25.f2xg3 Lf4—d6
26.Td1—d2 Lc8—d7

Gerade rechtzeitig kann Schwarz seine Entwicklung vollenden.

27.Td2—f2 f7—f5
28.Df3—e3 Tg5—g4
29.De3—e2 Ta8—h8

Droht zweifacher Einschlag auf g3.

30.Kh1—g1 Ld7—c6!

Ein Feind taucht von der anderen Seite her auf, denn De6:?? würde Te8 zur Folge haben mit sofortigem Verlust 31.De6: Te8 32.De8: Le8: 33.Te8: Lc5 34.Se3 Tg3:+ und aus!

31.Sf1—e3 Tg4—g5
32.Se3—g2 f5—f4!
33.g3xf4 Ld6xf4

Immer noch kann Weiß nicht auf e6 zugreifen wegen Te8 usw.

34.Kg1—f1 Th8xh2
35.De2—f3 d5—d4!
36.Ld3—e4

Bei 36.Df4:? würde Weiß eine Figur verlieren mit Lg2:+ 37.Ke2 Df4:+ 38.Tf4: Le4+ samt Ld3: usw.

36... Tg5—f5!!

Der schöne Zug basiert auf der Wendung 37.Sf4:? Tf2:+ und 38... Tf4: gewinnt die weiße Dame, ganz gleich, ob K oder D von Weiß auf f2 zurückschlagen. Und 37.Lc6: kommt wegen Lg3! ebenfalls nicht in Frage.

Nach der Partie wurde jedoch festgestellt, daß außer dem klassisch

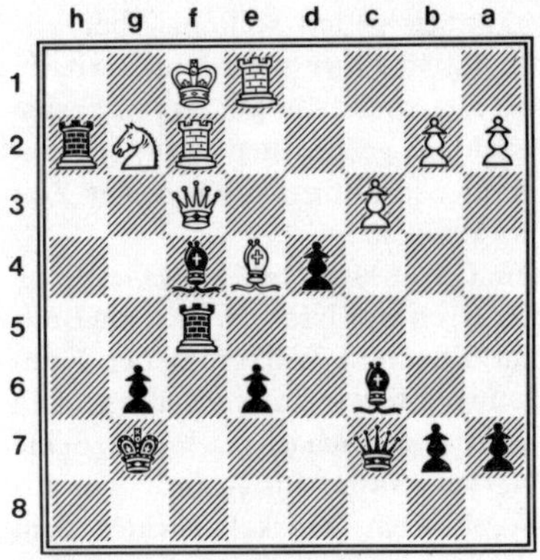

Stellung nach 36...Tf5!!

schönen Turmzug Schwarz auch so hätte gewinnen können: 36...Th1+ 37.Ke2 Le4: 38.Df4: Dc4+ 39. Kd1 Dd3+ 40.Dd2 und Schwarz kann mit Dd2:+ oder Tg2: eine Mehrfigur behaupten.

Weil Nimzowitsch beim Turnierspielen eine „saubere Umwelt“ wünschte (die Kollegen sprachen damals vom Nichtraucher-Tick), und er übernervös gegenüber Geräuschen im Spielsaal war, wurde er als Sonderling angesehen. Den gleichen Ruf hatte zu Beginn seiner Laufbahn auch Bobby Fischer, das exzentrische amerikanische Schachgenie, in der Öffentlichkeit. Erst als Fischer Weltmeister wurde, anerkannte auch die Öffentlichkeit die Wünsche als berechtigt. Kein Rascheln mit Bonbonpapier(!), ruhiges Quartier, keine Blitzlichtaufnahmen während des Spiels, Nichtrauchen der Zuschauer und viele andere Dinge, die eigentlich als selbstverständlich gelten sollten. Aber erst heute, 50 Jahre nach Nimzowitsch, wo allgemein von höherer „Lebensqualität“ gesprochen wird, erkennt man, wie Nimzowitsch seiner Zeit voraus war.

Im Gegensatz zum hypernervösen Gebaren war Nimzowitsch am Brett ein Ebenbild vollkommener Konzentration, wie übrigens alle großen Meister der Schachgeschichte. Seine Nerven waren im Kampf wie aus Stahl, kein Muskel zuckte. Sein Widersacher — stilistisch und physisch gesehen — E. Bogoljubow, in der Meisterrunde einmal auf den sensiblen Nimzowitsch angesprochen, sah das richtig: „Der — schlechte Nerven? Mit diesen Nerven wäre ich schon vor Aljechin Weltmeister geworden!“

37.Df3—g4	Th2—h1+
38.Kf1—e2	Th1xe1+
39.Ke2xe1	Lf4—g3!
40.Le4xf5	Dc7—e5+!

Nichts wird geschlagen, die eigenartigen Zwischenzüge geben der Partie den Reiz von dunkler Schönheit.

41.Ke1—f1	e6xf5
42.c3xd4	Lg3xf2

Weiß kann aus der „Hängestellung“ der Dame keinen Profit schlagen.

43.Kf1xf2	f5xg4
44.d4xe5	Lc6xg2
45.Kf2xg2	Kg7—f7

Eine große Schachpartie ist zu Ende. Den einfachen Rest ließ sich der jugoslawische Großmeister aber noch zeigen: 46.Kg3 Ke6 47.Kg4: Ke5: 48.Kg5 Ke4 49.Kg6: Kd3 50. Kf5 Kc2 51.b4 b5. Andere Züge hätten ebenso gewonnen, aber „Nimzowitschs System“ wirkt souverän. 52.Ke5 Kc3 53.Kd5 Kb4: 54.Kc6 a5 55.Kb6 (a3+ Kc4!) a4 56.Ka6 a3 57. Kb6 Kc4 58.Ka5 b4 59.Ka4 Kc3 0:1.

Bis auf einen halben Zähler war Nimzowitsch zu Capablanca und Spielmann in der 18. Runde aufgerückt. In der 19. Runde besiegte Nimzowitsch seinen alten Kampfgefährten Spielmann und schloß damit zu Capablanca auf Rang 1—2 auf. In der 20. und vorletzten Runde hatte Spielmann angekündigt, er gedenke den kubanischen Exweltmeister zu massakrieren. „Capablanca ist von allen Meistern am schwersten zu schlagen“, sagte Spielmann im Kommentar zu seiner Partie gegen ihn. Capablanca mit seinem feinen Instinkt für Gefahren (gleich Petrosjan und eigentlich allen großen Meistern zu allen Zeiten) spürte die Sturmzeichen. Er konnte trotzdem die Niederlage nicht abwenden (54 Züge). Und Nimzowitsch konnte gegen den Ungarn Maroczy nicht gewinnen — remis in 63 Zügen. So begann das Turnier in der letzten Runde eigentlich für diese vier von vorne: Nimzowitsch, Spielmann 14, Capablanca 13½, Rubinstein 13 Punkte. Nimzowitsch stand einem gefürchteten Gegner gegenüber: Dr. Tartakower, der bisher schon 16 Remisen in der Tabelle hatte, darunter auch gegen Capablanca, Spielmann, Rubinstein, Becker, Dr. Euwe —

die ersten fünf der Tabelle! In einem grandiosen Kampf wurde der frankopolnische Großmeister niedergerungen (53 Züge). Nicht nur der Sieg, in einem der größten Turniere aller Zeiten, war damit an die Fahnen von Nimzowitsch geheftet — „Mein System", einst verlacht und verspottet, war endlich von Erfolg gekrönt, die Mission des Neuerers Nimzowitsch in höherem Sinn vollendet!

Aaron Nimzowitsch hatte danach nur noch sechs Jahre zu leben. Er beschloß sein schachliches Vermächtnis mit dem zweiten Preis in San Remo 1930 (hinter Aljechin, aber vor Rubinstein und Bogoljubow) sowie in Bad Bled (Veldes) 1931: Dritter hinter Aljechin und Bogoljubow, aber vor Flohr, Kashdan, Stoltz, Vidmar, Dr. Tartakower und Spielmann. Zürich 1934 brachte den Ausklang seiner Schachlaufbahn (6.—7. Rang). Sein früher Tod im Alter von 49 Jahren war ein schwerer Schlag für die Schachwelt. Nimzowitsch starb am 16. März 1935 in Kopenhagen. Seine Schachideen haben eigentlich erst bei der jetzigen Schachgeneration ihre volle Anerkennung gefunden.

E. Bogoljubow (1889–1952)

Optimist am Schachbrett

Ewfim Dimitriewitsch Bogoljubow, am 13. April 1889 in einem Dorf bei Kiew in der Ukraine geboren, sollte ursprünglich Priester werden. Der Jüngling fühlte sich leidenschaftlich zum Schachspiel hingezogen, und er kam zusammen mit Aljechin zum denkwürdigen Mannheimer Turnier 1914. Bei Ausbruch des Ersten Weltkrieges wurde er zusammen mit den russischen Meistern in Rastatt interniert. In den Jahren bis zum Kriegsende reifte Bogoljubow zu einem führenden europäischen Schachmeister heran. In Baden-Baden und in Triberg, wo Bogoljubow seine spätere Frau kennenlernte, organisierte Aljechin vier Turniere der russischen Meister untereinander: Aljechin, Bogoljubow, Rabinowitsch, Romanowski, Flamberg, Selesnieff, Maljutin und Wainstein. In Stockholm 1919 und in Göteborg 1920 ließen dic Erfolge und die genialen Einfälle des russischen Meisters aufhorchen. Vor allem aber war es sein kämpferischer Optimismus, der ihn 1922 im Großturnier zu Pystan unter 19 verbissen kämpfenden Konkurrenten den ersten Preis erringen ließ. 1924 kehrte Bogoljubow für zwei Jahre in die Sowjetunion zurück. Er gewann die III. und die IV. Landesmeisterschaft der Sowjetunion, was viele Schachfreunde heute nicht mehr wissen. In Moskau 1925 erwarb Bogoljubow unsterblichen Schachruhm. Er siegte in dem Riesenturnier vor Weltmeister Capablanca und Exweltmeister Dr. Lasker.
1929 übersiedelte Bogoljubow endgültig nach Triberg im Schwarzwald, heiratete und wurde deutscher Staatsbürger.

Die geniale Eingebung

Bogoljubow—Spielmann

Die Partie wurde 1919 während des Stockholmer Turniers als freie Partie zu analytischen Zwecken der Französischen Verteidigung gespielt.
1.e4 e6 2.d4 d5 3.Sc3 Sf6 4.Lg5 Le7 5.e5 Sd7 6.h4! Von Aljechin in die Turnierpraxis eingeführt. 6... Lg5: 7.hg5: Dg5:. Das Bauernopfer kann durchaus angenommen werden.
8.Sh3 De7 9.Sf4 a6 10.Dg4 g6 11. 0—0—0 c5 12.Dg3!

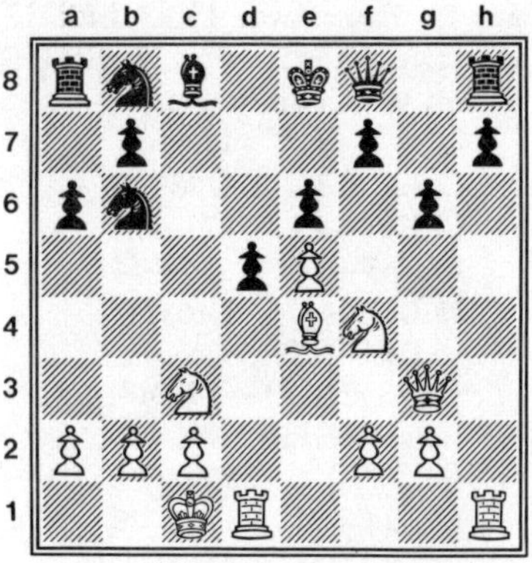

Stellung nach 15.Ld3—e4!

Droht zweimal Sd5: nebst e6 und Sc7+ mit Turmgewinn.
12...Sb6 13.dc5: Dc5: 14.Ld3 Df8.
Der Einschlag 15.Lg6:! mußte pariert werden (siehe Diagramm).
15.Le4!!
Beginn eines brillanten Opferreigens; Weiß droht dreimal auf d5 zu schlagen.
15...de4: 16.Se4: S8d7 17.Dc3! De7 18.Sf6+ Sf6: (Kf8? Sh7:+) 19.ef6: Df8 20.Dc7 Sd7 21.Sd5! ed5: 22. The1+ Se5 23.Te5:+ Le6 24.Kb1!
Mit der Umsicht des Feldherrn! 24.Td5:? würde verlieren wegen Dh6+! nebst Rochade.
24...Td8 25.Tdd5: Td5: 26.Td5: Ld5: 27.Dc8ǂ.
Grenzenloser Optimismus war der Grundzug seines Charakters. Stand eine Partie schlecht für ihn und die Kollegen fragten ihn nach seinen Aussichten, gab er zur Antwort: „Vielleicht nur remis". Man durfte sicher sein, daß dann die Partie für ihn reif zum Aufgeben war. Ganz wie sein feuriger Landsmann Michael Tschigorin, gab sich auch Bogoljubow selbstbewußt: „Wenn ich Weiß spiele, gewinne ich, weil ich Weiß habe; wenn ich mit Schwarz spiele, gewinne ich, weil — ich Bogoljubow bin!" Ein anderer Grundzug seines Wesens war seine Gutmütigkeit und sein verträglicher Charakter. Der joviale Großmeister verstand es wie kein Meister vor ihm, die Zuneigung der breiten Masse der Schachspieler zu gewinnen. Auf seinen vielen Vorstellungen in Deutschland, die ihn bis zu den kleinsten Orten führten, war er nicht in erster Linie von Ehrgeiz beseelt. Ihm kam es vielmehr darauf an, möglichst viele Anhänger für das Schachspiel zu begeistern. Verlor Bogoljubow dann bei einer Simultanvorstellung einige Partien, gab er mit gut gespielter Resignation seine Anerkennung: „Ja, ja! Die jungen Leute spielen heutzutage kolossal!" Und die Sieger erhielten das berühmte „Bravo! Bogoljubow" aufs Partieformular zur Erinnerung und zum Ansporn.

Eine Entscheidungspartie

Dr. Euwe—Bogoljubow
Bad Pystan 1922
Vierspringerspiel

Das Turnier wurde zum Gedächtnis für den vor einem Jahr verstorbenen ungarischen Meister Julius Breyer gehalten. Staatspräsident Masaryk hatte drei Schönheitspreise gestiftet. Als erster Anwärter für den Turniersieg galt Aljechin, aber auch der 22jährige Dr. Max Euwe, Spielmann und Dr. Tartakower kamen neben Bogoljubow für die Spitzengruppe in Frage. Vor der 19. und letzten Runde hatten Aljechin und Bogoljubow je 14 Punkte; Aljechin kam über ein Remis gegen Reti nicht hinaus. Was wird aber die harte Begegnung Euwe—Bogoljubow bringen?

1.e2—e4	e7—e5
2.Sg1—f3	Sb8—c6
3.Sb1—c3	Sg8—f6
4.Lf1—b5	Lf8—b4
5.0—0	0—0
6.d2—d3	d7—d6

Gehört Bogoljubow nun zu den Klassikern, weil er hier das orthodoxe Vierspringerspiel anwendet? Wie Aljechin oder Capablanca kann auch Bogoljubow keiner besonderen „Schule" zugeordnet werden. Sie waren alle „Moderne" im Sinne der neuen Schachideen, wozu nicht unbedingt neuartige Eröffnungen gespielt werden müssen. Die Variante des Vierspringerspiels, die noch weiter fortgeht, wird heute noch ebenso gespielt wie schon vor hundert Jahren!

7.Sc3—e2	Lc8—g4
8.c2—c3	Lb4—c5
9.Se2—g3	Sf6—h5
10.Sg3—f5	Lc5—b6
11.Sf5—e3	

Die Ursache kommender Unbequemlichkeiten um die Fesselung auf f3. Besser war 11.h3 Lf5: 12. ef5: Df6 13.Sg5; oder 12...Sf6 13. g4 mit weißer Initiative.

11...	Lb6xe3
12.Lc1xe3	Dd8—f6
13.Kg1—h1	a7—a6
14.Lb5—a4	Sh5—f4
15.Le3xf4	Df6xf4
16.Dd1—e2	

Nicht 16.Dd2? Lf3: 17.Df4: Lg2:+ mit Bauernverlust.

16...	f7—f5
17.La4—d1	Df4—h6
18.De2—e3	f5—f4
19.De3—d2	Tf8—f6
20.d3—d4	Kg8—h8
21.Dd2—d3	Ta8—f8
22.Sf3—d2	Lg4—c8
23.d4—d5	Sc6—d8
24.Dd3—f3	g7—g5
25.g2—g4	

Den Vorstoß g5—g4 kann Weiß nicht zulassen; er muß so seine Königsstellung schwächen.

25...	f4xg3 i.V.
26.Df3xg3	g5—g4!

Mit Ausblick der sD auf den weißen Sd2, der einsteht.

27.Sd2—c4	Tf6—f4
28.Sc4—e3	Dh6—g6
29.Se3—g2	Dg6xe4
30.f2—f3	Tf4—f6!

Wegen Tf1:‡ ist die schwarze Dame tabu.

31.Tf1—e1	De4xd5
32.Sg2—e3	Dd5—c6
33.Se3xg4	

Ein glänzender Schlußzug folgt:

33...	Tf6xf3!
0:1	

Das Qualitätsopfer um den allergischen Punkt f3 bricht jeden Widerstand: 34.Lf3: Tf3: 35.Dg2 Lg4: und wegen Tf1‡ darf die Dame nicht auf g4 zurückschlagen.

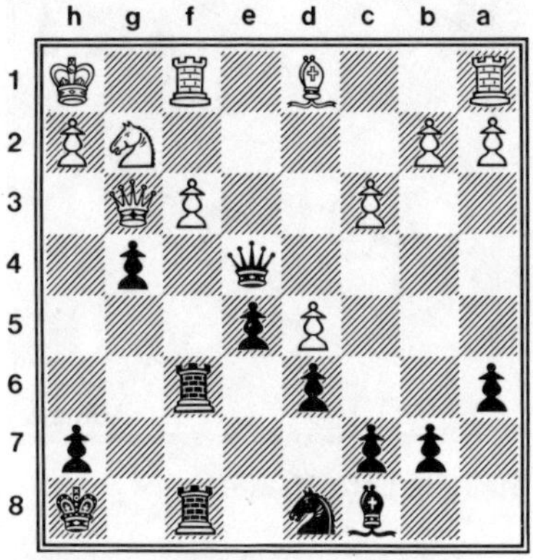

Stellung nach 30...Tf4—f6!

1928 siegt „Bogol" wie er allgemein genannt wird, in Bad Kissingen vor Capablanca. Sein Landsmann Aljechin, der dem Kubaner keinen Rückkampf um die Weltmeisterschaft gewährt (Capablanca kann die finanziellen Bedingungen, die er selbst einmal Aljechin auferlegt hatte, nicht erfüllen), stellt sich Bogoljubow zum Weltmeisterschaftskampf. Bogoljubow unterliegt ehrenvoll mit +5, —9, =11. Ein zweites Weltmeisterschaftstreffen 1934 geht ebenfalls zugunsten von Aljechin aus: +3, —8, =15. Die Wettkampfpartien werden beidesmal in west- und süddeutschen Städten ausgetragen. Im Gegensatz zu Aljechin, der sich von Deutschland abwandte, als im Zweiten Weltkrieg die Lage dort kritisch wurde, blieb „Bogol" seiner Wahlheimat treu. Ganz undenkbar war es, daß er Kollegen in den Jahren der Gewaltherrschaft ein Unrecht zugefügt oder den Beistand verweigert hätte. Über das ihm nach dem Krieg von ausländischen Schachkreisen zugefügte Unrecht hatte er sich bitter bei mir beklagt. Erst viele Jahre nach 1945 konnte Bogoljubow international wieder hervortreten. Doch in Westdeutschland hielt „Bogol" fest das Zepter in der Hand. Noch im Alter von 61 Jahren holte er 1949 in Bad Pyrmont die dritte Meisterschaft von Deutschland. Im gleichen Jahr hielt er in Augsburg die deutsche Spitzenklasse nieder und siegte vor Kieninger, Niephaus, Pfeiffer, Teschner und Heinicke.

Als Simultanspieler

Kein Meister war für Simultanvorstellungen populärer als Bogoljubow. Die folgende Partie aus einer Simultanvorstellung an 33 Brettern wurde oft nachgedruckt:

F. Nürnberg—E. Bogoljubow
Augsburg 1930
Slawische Verteidigung

1.d2—d4 d7—d5

Ja, Bogoljubow gab auch in Simultanvorstellungen den Partnern abwechselnd die weißen und schwarzen Steine — ein Nachteil, den nur wenige Meister gegenüber dem Schachpublikum in Kauf nehmen.

Denn selbstverständlich spielt ein Meister mit Weiß viel flotter.

2.Sg1—f3	Sg8—f6
3.c2—c4	c7—c6
4.Sb1—c3	d5xc4
5.Lc1—f4?	b7—b5
6.a2—a4	b5—b4!
7.Sc3—a2	e7—e6
8.e2—e3	Lc8—a6
9.Sf3—d2	Dd8—d5

Um den Rückgewinn des Gambitbauern zu erreichen, muß Weiß schon komplizierte Manöver erfinden.

10.Dd1—c1	c4—c3!
11.b2xc3	La6xf1
12.Ke1xf1	b4—b3
13.c3—c4	Dd5—f5
14.Sa2—c3	Df5—d3+
15.Kf1—g1	

Besser war 15.Ke1 Lb4 16.Scb1 Se4 17.f3 Sd2: 18.Sd2: Ld2:+ 19. Dd2: Dc4:, aber auch mit einem wichtigen Mehrbauern für Schwarz.

15...	Lf8—b4
16.Sc3—b1	Sf6—e4!!

Bogoljubow, der Großmeister und brillante Simultanspieler, in voller Aktion.

17.Sd2xe4	b3—b2!!

Nicht Abtausch war sein Ziel, er hat den weißen König im Visier! 0:1. Denn 18.Db2:, dann Dd1#!

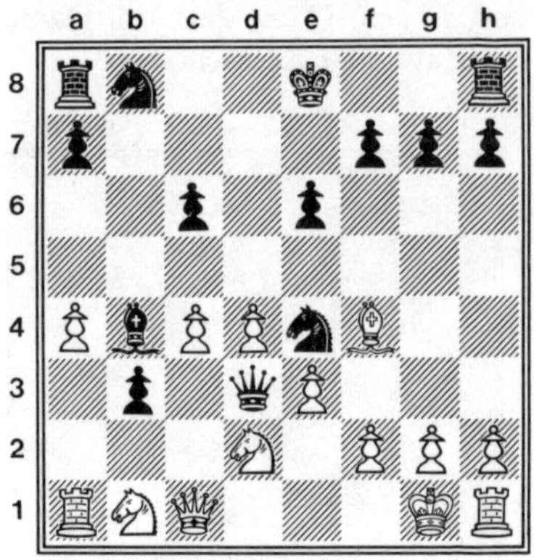

Stellung nach 16....Sf6—e4

Im Frühjahr 1952 hatte ich den rüstigen Großmeister — „Bogol“ war wohlbeleibt, selbst im Winter trug der geborene Russe seinen leichten Mantel stets über dem Arm! — noch als Gast bei den Stuttgarter Schachvereinen. Am 18. Juni 1952, nach der Heimreise von einer Schachvorstellung, erlag er in seinem Haus in Triberg einem Herzschlag. Bogoljubow darf zu den Unsterblichen im Reich der 64 Felder eingereiht werden!

S. Tartakower

Herold der Hypermodernen

Dr. Savielly Tartakower, geboren 1887 in Rostow am Don, zählte zu den Hypermodernen der Zwanziger Jahre. Er ist Verfasser des Buches „Hypermoderne Schachpartie", ein Standardwerk der Schachliteratur. Dr. Tartakower war ein origineller Kopf und trotz seines juristischen Studiums verschrieb er sich dem Schachspiel als Beruf. Er lebte in Wien und Paris und war Teilnehmer an allen großen Turnieren von 1907 bis 1950! Seine Arbeiten zu lesen ist noch heute ein Genuß. Nehmen wir nur seine Ausführungen aus dem kleinen Buch „Am Baum der Schacherkenntnis" des Jahres 1921: „Doch hat auch das Schach seinen Kubismus aufzuweisen, dessen Hauptprätendenten Aljechin und Bogoljubow, Breyer und Reti insbesondere im Jahre 1920 großartige Kampferfolge vor altbewährten Größen (wie Rubinstein, Tarrasch, Maroczy und anderen) erzielten und hierdurch die Aufmerksamkeit der gesamten Schachwelt auf die jüngste Schule lenkten, deren Grundsätze ein bis dahin bloß sezessionistisches Dasein fristeten."

„Pläne, die uns nie erreichten; Anlagen, die der ganzen Partie ein krankhaftes Gepräge geben; Züge, die jedem Streben nach freier Figurenentwicklung hohnsprechen; Methoden endlich, die in der tükkisch-endlosen Aufspeicherung latenter Spannkräfte das Heil suchen, werden in allem Ernst wissenschaftlich durchleuchtet und es wird durch sie sogar die Lösung jahrhundertealter Geheimnisse verheißen. Nicht das Ausbauen, sondern eher das Verbauen der Stellung wird als Siegesparole ausgegeben. Umgeworfen werden die angeblich entlarvten Götzen der alten Schule; die beliebtesten Eröffnungen erscheinen widerlegt; das Vierspringerspiel kompromittierend, und überhaupt (also predigt Breyer in einer von ihm veröffentlichten Abhandlung) dürfte schon nach dem 1. Zug 1e2—e4 die weiße Partie in den letzten Zügen liegen! Credo quia absurdum!"

Der kritische Kopf Tartakower stand zwischen den Richtungen. Seine Sätze sind eine leicht ironisch gefärbte Information.

Tartakower hat von allen Meistern wahrscheinlich die größte Anzahl von Schachpartien gespielt. Er kreuzte dabei mit allen bekannten Schachspielern des 20. Jahrhunderts die Klingen. Von ihm stammt auch der beachtliche Ausspruch: „Durch Aufgeben hat noch niemand eine Partie gewonnen!“ Das heißt, daß Tartakower, mit wenigen Ausnahmen, in verlorenen Stellungen nicht aufgab, sondern bis zum Matt spielte.

Aljechin—Tartakower
(London 1932)

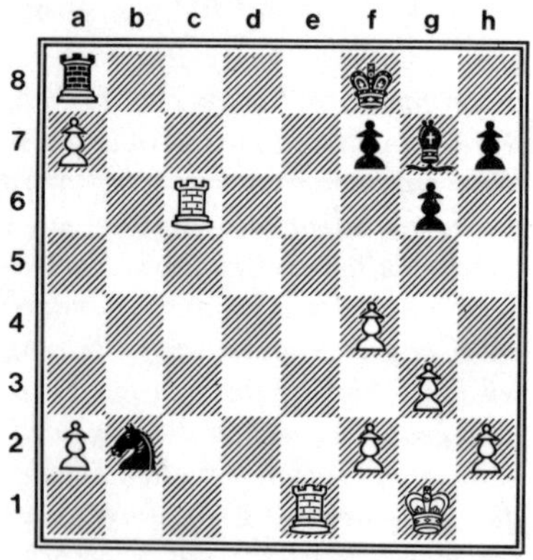

Stellung nach 30...Tda8

31.Tc6—b6 Ta8xa7
32.Tb6—b8‡

Sogar gegen den Weltmeister blieb Tartakower seinem Wahlspruch treu!

Belobigungsschreiben von Tarrasch

Eine berühmte Partie gewann Tartakower im Großturnier zu Teplitz-Schönau 1922. Im 22. Zug erscheint ein klassisches Turmopfer auf h2, wonach eine Reihe von stillen Zügen folgt. Außer dem dritten Schönheitspreis wurde die Partie zusätzlich „mit einem Belobigungsschreiben von Dr. Tarrasch ausgezeichnet“ (Dr. S. T.).
Sieger des sudetendeutschen Schachkongresses wurden Reti und Spielmann mit je 9 Punkten vor Tartakower und Grünfeld mit je 8½ Punkten.

G. Maroczy—Dr. S. Tartakower
Teplitz-Schönau 1922

1.d2—d4	e7—e6
2.c2—c4	f7—f5
3.Sb1—c3	Sg8—f6
4.a2—a3	Lf8—e7
5.e2—e3	0—0
6.Lf1—d3	d7—d5
7.Sg1—f3	c7—c6
8.0—0	Sf6—e4
9.Dd1—c2	Le7—d6

Erstes Sturmzeichen. Schwarz wählte den Stonewall-Aufbau.

10.b2—b3	Sb8—d7
11.Lc1—b2	Tf8—f6

„Im Vertrauen auf seine feste Lage behandelt Weiß die Partie rein positionell, während Schwarz es als ein Problem auffaßt: Matt in 20 Zügen!“ (Dr. Tartakower).
Sonst kam auch 11...Df6 nebst g5 in Betracht.

12.Tf1—e1 Tf6—h6

Droht bereits Lh2:+ samt Dh4 usw.

13.g2—g3	Dd8—f6
14.Ld3—f1	g7—g5
15.Ta1—d1	

Weiß sollte besser 15.Lg2 spielen, wonach Schwarz mit Dg6/Dh5 samt Sd7—f6—g4 fortfahren würde.

15... g5—g4
16.Sc3xe4 f5xe4
17.Sf3xd2

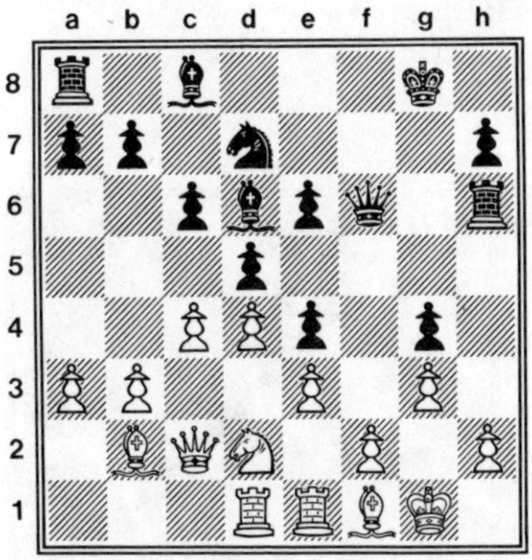

Stellung nach 17.Sf3—d2

Danach schlägt ein Turmopfer die erste Bresche in die weiße Königsstellung.

17... Th6xh2!!

„Ein Turmopfer von seltener Kühnheit! Erst im 24. Zug wird man sehen, wie weit der Führer der schwarzen Steine hätte rechnen können!" (Dr. Tarrasch)

18. Kg1xh2 Df6xf2+

Bei 18.Se4: hätte Schwarz den Zwischenzug Dh6! eingeschaltet.

19.Kh2—h1 Sd7—f6!

Nicht 19...Dg3: 20. Sb1 und die wD ist mobil geworden.

20.Te1—e2 Df2xg3
21.Sd2—b1 Sf6—h5
22.Dc2—d2 Lc8—d7

Schwarz muß den Rest seiner Figuren herbeiführen. Verfehlt wären Schachgebote der Dame wegen 23.Kg1.

23.Te2—f2 Dg3—h4+
24.Kh1—g1 Ld6—g3!
25.Lb2—c3

Weiß muß Material zurückgeben. Auf 25.Th2 Lh2:+ 26.Dh2: Dg5 27.Lc1 g3 28.Dh1 Kh8 29.Le2 Sf6 30.Tf1 Tg8 31.Tf4 e5 32.de5: De5: 33.Dh4 Tg6 34.Ld2 d4 bleibt Schwarz am Ruder.

25... Lg3xf2+
26.Dd2xf2 g4—g3
27.Df2—g2 Ta8—f8

Endlich ist auch dieser Turm im Spiel und droht sogleich auf der 7. Reihe zu erscheinen.

28.Lc3—e1 Tf8xf1+!

Eine neue Überraschung und viel stärker als etwa 28...Dh2+ oder auch 28...e5, Züge denen Tartakower, das Prädikat „häßlich und schwach" geben würde.

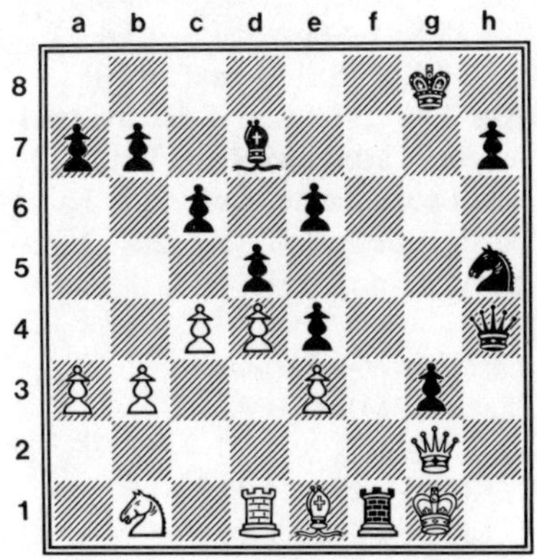

Stellung nach 28...Tf8xf1+

Ein nicht so fernliegendes Opfer, denn Weiß muß wegen Dh2╪ mit dem König schlagen, wonach der nächste Zug vernichtend den sLd7 demaskiert (Lh3).

29.Kg1xf1 e6—e5
30.Kf1—g1

Oder 30.Lg3: Sg3:+ 31.Kf2 Lg4! 32.Tg1 Sf5+ gewinnt, bzw. 32. Dg3: Dg3:+ 33.Kg3: Ld1: gewinnt.

30... Ld7—g4
31.Le1xg3

Keine Chance bietet 31.Td2 ed4: 32.ed4: Lf3 33.Lg3: Sg3: 34.Dh2 Dh2:+ 35.Th2: (35.Kh2:? Sf1+) Se2+ mit 3 Bauern für die Qualität.

31... Sh5xg3
32.Td1—e1 Sg3—f5
33..Dg2—f2 Dh4—g5
34.d4xe5

Oder 34Kf1 Dh5 35.Dg1 Dh4 36. Sc3 Sg3+ 37.Kg2 Sh1! 38.Kf1 Df6+ samt matt in 2 Zügen.

34... Lg4—f3+
35.Kg1—f1 Sf5—g3+

0:1(36.Kg1 Sh1+ und Sf2:)

Aus den zahllosen Schachvorstellungen Tartakowers im Laufe seines Lebens eine amüsante Kurzpartie, die schon fast an „Hilfsmatt" erinnert:

Tartakower—Berman
(Paris 1934)

1.e2—4 e7—e5
2.Sb1—c3 Sb8—c6
3.f2—f4 e5xf4
4.Sg1—f3 g7—g5
5.h2—h4 g5—g4
6.Sf3—g5 h7—h6
7.Sg5xf7 Ke8xf7

Das Hampe—Allgaier Gambit.

8.Lf1—c4+ Kf7—e8

Eher spielbar ist 8...d5 9.Ld5:+ Ke8 usw. Nicht aber 8...Kg7? 9Dg4:+ Kh7 10.Df5+ Kg7 11. Df7╪

9.Dd1xg4 Sc6—e5??
10.Dd1—h5+ Ke8—e7

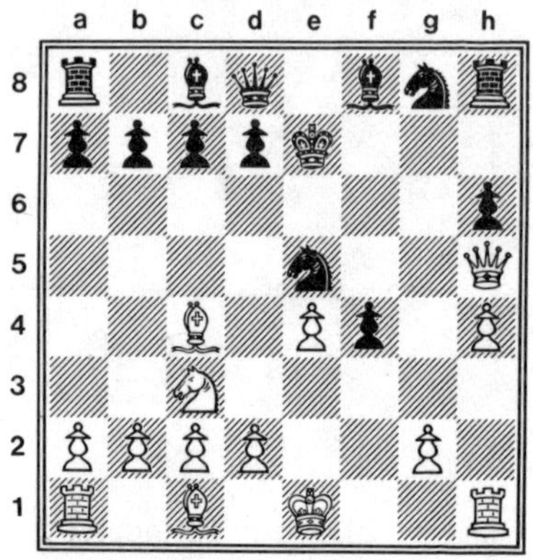

Stellung nach 10...Ke8—e7

11.Dh5xe5╪

Die „rauhe Schachwirklichkeit"

Der Wahrheitsforscher, Pessimist und Schachphilosoph Tartakower bekannte 1924 in seiner ‚Hypermodernen Schachpartie' in einem Artikel ‚Der unrichtige Zug':
„Trotz aller Spieltheorie und allem angeblichen Positionsurteil tappt der Schachspieler gewöhnlich vollkommen im Dunkeln herum, und wie für den Blinden die Beurtei-

lung des Weges nicht in den Beinen, sondern in seiner Krücke liegt, dank welcher er sich durch vorsichtiges Tasten von einem greifbaren Objekt zum nächstgelegenen hinwegbringt, so sucht auch der Schachspieler, dessen geistiges Auge blind ist, nach ‚augenscheinlichen' Merkmalen, um sich von Etappe zu Etappe durchzuzwängen. Solche Markierungen, die ihm den Weg erleichtern sollen, sind z. B. allerlei Prinzipien, allerlei *schablonenhafte* Begriffe wie: Tempo, Läuferpaar, Entwicklungsvorsprung, Terrainfreiheit, offene Linie, gedeckter Freibauer, Luftloch für den König usw., am liebsten aber die *numerische Abzählung* der Figuren, die für ihn letzten Endes den Inbegriff aller Schönheit und Wahrheit im Schach bedeutet . . .

Wie sieht jedoch die „rauhe Schachwirklichkeit" aus? Kaum glaubt der Schachspieler die Wahrheitsschlange erfaßt zu haben und des Sieges teilhaftig zu werden, bricht plötzlich ein Gewitter los: *Blitze fallen, Donner krachen, die Untugend triumphiert!*"

Tartakower erweitert das Thema mit der Frage, ob am Ende gar nicht der richtige Zug, sondern der unrichtige Zug die Basis der Schachkombination sei? „Zum Siege gelange man nicht, weil man *gut*, sondern weil man *besser* spiele. Nicht unser *richtiger*, sondern des Gegners *unrichtiger Zug* gäbe den Ausschlag."

Über die scheinbare Unlogik des Schachs, die ‚rauhe Schachwirklichkeit' also, gibt gerade eine Partie Tartakowers gegen Capablanca Aufschluß:

Tartakower—Capablanca
Großturnier New York 1924

1.e2—e4	e7—e5
2.f2—f4	e5xf4
3.Lf1—e2	

Und so ein Anfang ausgerechnet gegen den Weltmeister!

Man kann doch dem Weltmeister keinen Bauern vorgeben — das war der allgemeine Tenor nach der Niederlage von Weiß in dieser Partie. Den Versuch 3.Le2?! hat man seither in seriösen Turnieren nicht mehr gesehen. Und doch braucht nicht dieser einschränkende Zug die Ursache der Niederlage sein; sicher ist auch dieser eigenwillige oder hypermoderne Zug im Königsgambit anzuwenden. Um die ganze Spielweise zu widerlegen, bedurfte es schließlich der ganzen Schachkunst von Capablanca.

3...	d7—d5
4.e4xd5	Sg8—f6
5.c2—c4	c7—c6!
6.d2—d4	Lf8—b4+

Einer von drei Zwischenzügen Capablancas, die Weiß das Konzept verderben. Es geht nicht 7.Sc3 Se4! drohend Dh4+, aber 7.Ld2 Se4 8.Sf3! war spielbar.

7.Ke1—f1	c6xd5
8.Lc1xf4	d5xc4!?
9.Lf4xb8	

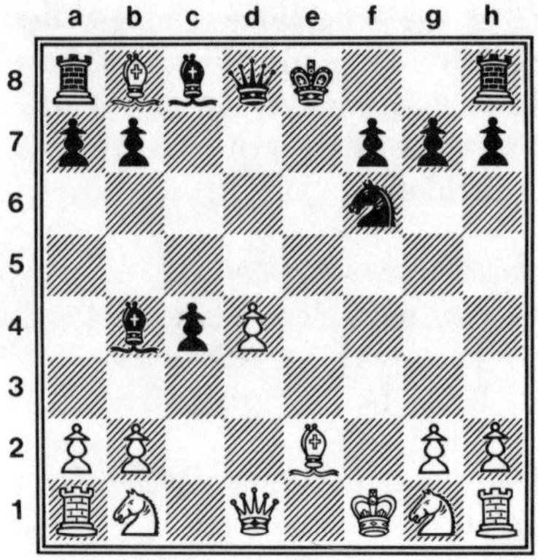

Stellung nach 9.Lf4xb8?!

Von 1000 Klubspielern würden 999 denselben Zug wie Tartakower machen. Aber man gewinnt gegen einen Weltmeister nicht jeden Tag eine Figur: 9...Tb8:? 10.Da4+ nebst 11.Da4:. Es folgt der zweite Zwischenzug Capablancas — „die Ungerechtigkeit triumphiert!"

9... Sf6—d5!

„Blitze fallen, Donner krachen . . ."

10.Kf1—f2

Gegen das Familienschach Se3+ blieb sonst nur 10.Dc1 Tb8: usw. Falls nämlich 10. Lf4 dann Df6! (11.g3? Se3+).

10... Ta8xb8
11.Le2xc4 0—0
12.Sg1—f3 Sd5—f6!
13.Sb1—c3 b7—b5!

Weiß kann nicht auf b5 zugreifen: 14.Sb5:? Se4+ 15.Kg1 Lg4 16.Sc3 Lf3: 17.gf3: Dg5+ und Weiß verliert nach Lh3+ alle Figuren.

14.Lb5—d3 Sf6—g4+
15.Kf2—g1 Lc8—b7

Dieses Tempo (drohend Lf3:/ Dd4:+) hat der Zug b5 eingebracht.

16.Ld3—f5 Lb7xf3
17.g2xf3 Sg4—e3
18.Lf5xh7+ Kg8—h8
(Kh7:? 19.Dd3+)
19.Dd1—d3 Lb4xc3

Verhindert die Verteidigung Se4 und erzwingt den Gegenzug (De3:? Ld4:).

20.b2xc3 Se3—d5

Schwarz konnte auch eine Figur einnehmen mit 20...Tfe8 21.Tag1 Dh4+ 22.Tg3 Dh7: usw.

21.Lh7—e4 Sd5—f4
22.Dd3—d2 Dd8—h4
23.Kg1—f1 f7—f5
24.Le4—c6 Tf8—f6
25.d4—d5 Tb8—d8
26.Ta1—d1 Tf6xc6

Weiß ist schon lange ein geschlagener Mann.

27.d5xc6 Td8xd2
28.Td1xd2 Sf4—e6
29.Td2—d6 Dh4—c4+
30.Kf1—g2

Oder 30.Kf2 Dc5+, oder 30.Ke1 Dc3:+.

30... Dc4—e2+

0:1(31.Kg3 De5+)

Diesmal hat er nicht bis zum Matt gekämpft, Tartakower variierte auch da.

„Bleiben Sie seriös!"

Die Bonmots von Tatakower waren berühmt. Bogoljubow besaß einmal die Unbefangenheit, Tartakower in einer Turnierpartie ein

Matt in 4 Zügen anzukündigen, was ihn offenbar dazu bewegen sollte, doch die Partie aufzugeben. Tartakower schaute entrüstet unter seiner Brille hervor — ein neues Bonmot war fällig: „Ich verbitte mir jede Belästigung. Bitte, bleiben Sie seriös!" Und konzentriert wandte er sich wieder der Partie zu, während der gute ‚Bogol' nun bescheiden zu Ende spielen mußte.

Spiel bis zum Matt

Tartakower—Aitkins
London 1922

1.e2—e4 e7—e5
2.Sg1—f3 Sb8—c6
3.Lf1—c4 Sg8—f6
4.Sb1—c3 Sf6xe4
5.Sc3xe4 d7—d5
6.Lc4—d3 d5xe4
7.Ld3xe4 Lf8—d6
8.d2—d4 Sc6xd4
9.Sf3xd4 e5xd4
10.Dd1xd4 0—0
11.Lc1—e3

Tägliche Hereinfälle sind 11.0—0? Lh2:+ Damenverlust.

11... Dd8—e7
12.0—0—0 Tf8—e8
13.Lc4—d5 Ld6—e5
14.Dd4—a4 c7—c6
15.Ld5—f3 Lc8—e6
16.Kc1—b1 a7—a5

Wie so oft kommt es auch hier so, daß die zunächst sicherer erscheinende lange Rochade sich als gefährlicher wie die kurze erweist.

17.Le3—d4 Le5—d6
18.Ld4—b6 Ld6—b4
19.c2—c3 Ta8—a6
20.Lb6—e3

Unerfreulich wäre 20.cb4: Tb6: 21.Da5: Ta6 nebst La2:+

20... Le6—f5+
21.Kb1—a1 b7—b5
22.Da4—b3 Lb4—d6

Wie schwer ein solcher Druck am Damenflügel abgewehrt werden kann, zeigt diese Variante: 23.Td2 a4 24.Dd1 Le5 25.Ld4 Lf4 26.Le3 Le3: 27.fe3: a3! (De3:? 28.Te2) Auf 28.b3 gewinnt jetzt De3: usw.

23.a2—a4? Te8—b8
24.Td1—d2 Lf5—e6
25.Db3—d1 Ld6—e5
26.Le3—d4 Le5—f4
27.Ld4—e3 Lf4xe3
28.f2xe3 b5—b4

Die entscheidende Linienöffnung zum Angriff auf den König.

29.c3xb4 Ta6—b6
30.Td2—d6

Ein eleganter Schluß wäre 30.ba5: Tb2:! 31.Tb2: Da3+ samt matt.

30... Tb6xb4

Mit der Drohung Lb3/Ta4:+

31.Lf3xc6 Tb4xb2
32.Lc6—b5 Tb2—a2+
33.Ka1—b1 Ta2xa4!

Dem Läufer auf b5 wird der Stuhl weggezogen. Auf 34.Da4: Dd6: geht zusätzlich der Lb5 verloren.

34.Kb1—c2 Ta4—a2+
35.Kc2—c3 Tb8—c8+
36.Lb5—c6 Tc8xc6+
37.Td6xc6 De7—b4+
38.Kc3—d3 Db4—b5+
39.Kd3—d4 Db5xc6
40.Kd4—e5 Dc6—c5+

Wie wir schon gehört haben, wäre

es wenig angebracht, ihm das Matt in 2 Zügen anzukündigen! (Was übrigens gegen die Regeln der FIDE verstößt: Artikel 18,1c.)

41.Ke5—f4 Dc5—f5+
42.Kf4—g3 Df5—f2‡

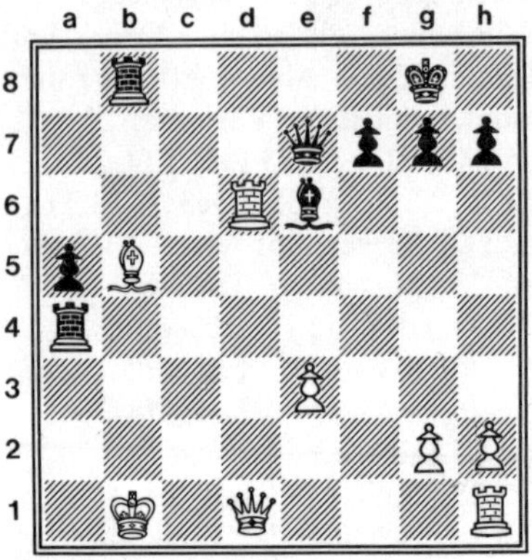

Stellung nach 33...Ta2xa4

Aus einer Blindsimultanvorstellung

Gespielt im Wiener Schachklub „Schlechter“ 1921
Dr. S. Tartakower—N.N.
Weiß kündigte Matt in spätestens 8 Zügen an!

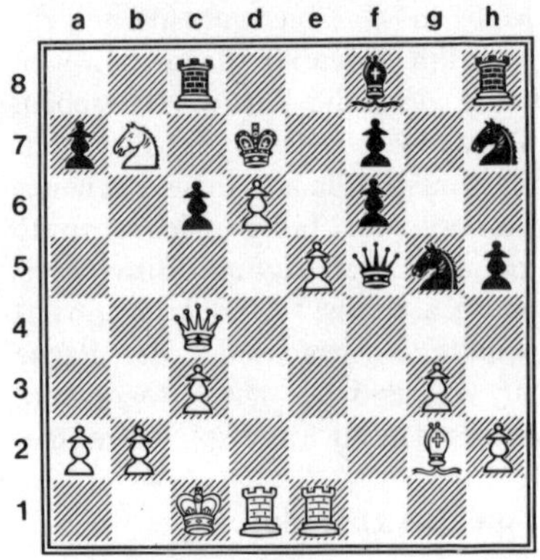

1.Dc4—f7+!! Sg5xf7
2.e5—e6+ Df5xe6

Oder 2...Ke8 3.d7+ Ke7 4.dc8:S+ Ke8 5.Lc6:‡.

3.Sb7—c5+ Kd7—d8

Oder 3...Ke8 4.d7+! Kd8 5.Se6:+ Ke7 6.dc8:S+ Ke8 7.Lc6:‡.

4.Sc5xe6+ Kd8—d7
5.Se6—c5+ Kd7—d8
6.Sc5—b7+ Kd8—d7
7.Lg2—h3+ f6—f5
8.Lh3xf5‡

Tableau!

Etwa mit dem Jahre 1935 darf die Epoche der Hypermodernen als abgeschlossen angesehen werden. Dr. E. Lasker schrieb im sowjetischen Schachjahrbuch 1935: „Es ist jetzt schon klar, daß die Periode der Neuromantik im Schach vorbei ist und daß eine neue Epoche beginnt, die Epoche des Verständnisses der Wirklichkeit, wie sie ist, die Epoche des schachlichen Realismus.“

Aus Turnierbüchern der Zwanziger Jahre

Eine Eröffnungsvariante der Französischen Partie, 1920 in Berlin in der Gruppe des DSB-Turnieres gespielt, wird auch heute noch genau behandelt:

Hartenheim—Dr. Dührssen

1.e2—e4 e7—e6
2.d2—d4 d7—d5
3.Sb1—c3 Sg8—f6
4.Lc1—g5 Lf8—b4

Die Mac Cutcheon-Variante, die bis etwa 1960 sich großer Beliebtheit erfreute. Sie ist nicht widerlegt, aber heute wird anstatt 3...Sf6 dem Zug 3...Lb4 den Vorrang gegeben.

5.e4—e5 h7—h6
6.e5xf6

„Von Tschigorin bevorzugt; die Läuferrückzüge nach d2 oder h4 gelten für weniger gut“ heißt es im Turnierbuch. Also hat schon Tschigorin um die Jahrhundertwende diese moderne Verteidigung gespielt (hier ist allerdings von weißer Aktion die Rede). Die Mac Cutcheon-Variante stammt übrigens von einem amerikanischen Schachspieler gleichen Namens. Das Urteil über den Läuferzug 6.Ld2 ist heute entgegengesetzt: er wird als der Beste für Weiß angesehen.

6... h6xg5
7.f6xg7 Th8—g8
8.Dd1—h5 Dd8—f6
9.Sg1—f3 Df6xg7
10.h2—h4 g5xh4
11.Th1xh4 Sb8—c6
12.0—0—0 Lc8—d7
13.Sf3—e5 Sc6xe5
14.d4xe5 Lb4—e7

(Lc3: konnte geschehen)

15.Th4—h3 Le7—g5+
16.Kc1—b1 Dg7xe5?

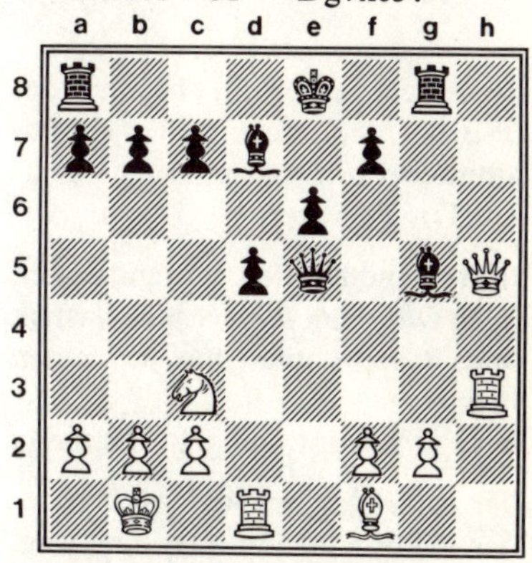

Stellung nach 16...Dg7xe5

Dieser Bauer war vergiftet. Schwarz hatte wohl nur mit 17.Te3 Dg7 gerechnet.

17.Sc3xd5!

Es folgen einige typische Kombinationsmotive. Auf 17...ed5: wird mit 18.Te3! die Dame gefesselt — Le3: würde durch 19.De5:+ Dame und Läufer verlieren.

17... Ld7—c6

Es gibt keine Rettung mehr für ihn; denn 17...0—0—0 18.Se7+ würde die Qualität kosten.

18.Th3—e3 De5—d6

19.Te3xe6+! Dd6xe6

Die Springergabel mit Familienschach als Motiv.

20.Sd5xc7+ Ke8—e7

21.Sc7xe6 f7xe6

22.Dh5—h7+ 1:0

Daß die Schachmeister Humor besitzen, zeigen die bei der Schlußfeier vorgetragenen Knittelverse, in denen die führenden Meister mit ihren Vorzügen und (vor allem) Schwächen dargestellt werden.

Über den Sieger im Turnier des DSB, Dr. Dührssen, später ein berühmter Fernschachmeister, dichtete Dr. Preiswerk:

Mit tausend Kniffen, tausend Listen
Spielt *Dührssen* seine Schiebekisten.
Doch tauscht man ihm nur einen Stein,
Wird er betrübt und geht dann ein.

Der *Ahues* hat am Anfang Pech,
Der Kühn haut ihm fast eine weg.
Er klagte allen, er sei krank,
Jetzt ist er Meester, Gott sei Dank!

Ich schlage, er schlägt, ich schlage f3,
Dann kommt auf e6 eine Schweinerei.
Schlägt *Schlage,* schlag ich, mich rührt noch der Schlag,
Den Schlage zu schlagen, ist höllische Plag'.

Nein mit *Schönmann* spiel ich nicht,
Er hat mir zu viel Gewicht.
Seh ich nur diese deutsche Eiche,
werd' ich sofort 'ne Wasserleiche.

Walter ist ein zäher Kunde,
Denn er hängt in jeder Runde.
Wenn er sich nicht sputen mag,
Hängt er noch am jüngsten Tag.

Carl Ahues wurde ein bekannter Internationaler Meister, der im hohen Alter von 80 Jahren 1969 in Hamburg starb. Schlage und Schönmann gehörten zur bewährten deutschen Meistergilde.

Der Leipziger Meister Walter Blümich erlangte als Schachschriftsteller ebenso Bedeutung. Auf wieviele andere Meister zu allen Zeiten würden nicht die folgenden Zeilen passen?

Der *Blümich* gewinnnt so manche Partie,
Und manche gewonnene macht er remis.
Doch wenn er eine Partie verliert,
Wird sogleich beim Vorstand protestiert.

Die Idylle von Bad Oeynhausen 1922

22. Kongreß des DSB

Am 5. August 1922 reisten die Teilnehmer zum 22. Kongreß des Deutschen Schachbundes nach Bad Oeynhausen. „Die vom Osten kamen, hatten kurz vorher die sagenumwobene Porta passiert und manchen sehnsüchtigen Blick nach den Weserbergen gesandt. Nun hielten sie auf dem hochgelegenen Bahnsteig Oeynhausens Umschau und sahen die Stätte ihrer künftigen Schachtaten im Grün der Parks und Gartenanlagen verborgen, weit ab von dem Lärm der Großstadt. In Oeynhausen, das sein ganzes Dasein auf die weltberühmte Heilkraft seiner Thermalquellen eingestellt hat, gibt es keine das Leben bedrohenden Kraftwagen, keine Straßenbahn, keine Droschken; geräuschlos wickelt sich der Verkehr in den stets sauberen und für den zarten Damenschuh ungefährlichen, geglätteten Straßen und Steigen ab. Die Stille des Tages wird nur durch das Konzert der Kurkapelle unterbrochen, wozu sich in den Abendstunden vereinzelt noch die Tafelmusik eines vornehmen Restaurants oder Cafés gesellt, alles in allem ein Ort, wie geschaffen für das Turnierspiel der Schächer. (H. Rannefort im „Wochenschach".)

Sieger im Meisterturnier wurde E. Post mit 7½ Punkten vor Carls mit 7 Punkten; Dr. Antze, Schlage, Wagner erzielten je 6½ Punkte.

In einem der Nebenturniere ergab sich eine originelle Art des Erstickten Matts:

Probst—Löwig

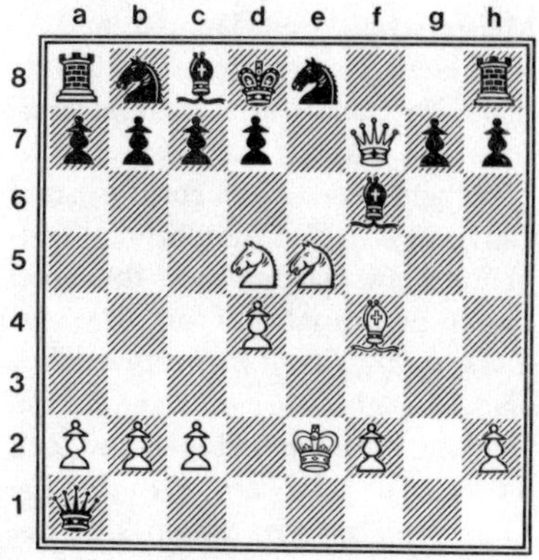

Stellung nach dem 13. Zug

(Die Stellung hatte sich nach diesen Zügen ergeben: 1.e4 e5 2.Sf3 f5 3.Lc4 fe4: 4.Se5: Dg5! 5.Lf7+ Ke7 6.Dh5 Dg2: 7.Le8! Dh1:+ 8. Ke2 Sf6?? 9.Df7+ Kd8 10. Sc3 Se8: 11.d4 Le7? 12.Sd5 Lf6 13.Lf4. Schon jetzt konnte das Matt angebracht werden, doch im nächsten Zuge erst sieht er es. 13...Da1:)

14.Df7—e7+! Lf6xe7

15.Se5—f7‡

Viele große Meister der kommenden Jahrzehnte holten sich die Sporen auf den Haupt- und Nebenturnieren des Deutschen Schachbundes. In Oeynhausen blieb der Belgier Edgar Colle in einer Gruppe siegreich; er zählte später zu den Großmeistern.

Carl Carls, der spätere Bankdirektor aus Bremen, eroberte 1934 in Aachen die deutsche Meisterschaft. Georg Kieninger errang in Oeynhausen in der Siegergruppe des Hauptturniers sogar dreimal die Meisterschaft von Deutschland!

Von den Siegern des Meisterturniers, Post und Carls, schreibt Meister Otto Zander im Turnierbuch: „Die beiden ersten Sieger, Post und Carls, übertreffen die übrigen Teilnehmer an Originalität. Ihr Spiel mutet ursprünglicher an, *sie verdanken ihre Ideen mehr sich selbst als theoretischem Bücherstudium,* zu dem übrigens beide keine Zeit hatten. *Sie pflückten sich die Erfolge vom grünen Baum des Lebens, unberührt von grauer Theorie . . .*“

Am Kern der Sache vorbei?

Th. Hess—C. Carls

1.e2—e4	c7—c6
2.d2—d4	d7—d5
3.e4—e5	Lc8—f5
4.Lf1—d3	Lf5xd3

Man hüte sich vor dem Fehler 4...Lg6? 5.e6! und Weiß kommt in positionellen Vorteil (5...fe6: 6.Lg6: + hg6: 7.Dg4! usw.)

5.Dd1xd3	e7—e6
6.Sg1—f3	Dd8—b6
7.0—0	Db6—a6
8.Dd3—b3	Sg8—e7
9.Lc1—d2	Se7—g6
10.Ld2—b4	Da6—b6!
11.Lb4xf8	Db6xb3!
12.a2xb3	Th8xf8
13.b3—b4	Sb8—d7
14.Tf1—e1	

Warum zieht Weiß nicht 14.Sc3, um den Doppelbauern aufzulösen? Weil der Gegner wie im Text 14...Ke7 spielen und 15.b5 (sonst a6) mit c5! beantworten würde. Diese Wendung zeigt, daß Carls mit Recht auf Damentausch spielte. Weiß kann hier den b-Bauern nicht zum Sturm verwenden, und die a-Reihe ist für ihn von geringem Werte. (O. Zander)

14...	Ke8—e7
15.Sb1—d2	a7—a6
16.Sd2—b3	b7—b6
17.Ta1—a3	

Besser wie schon einen Zug zuvor war Te3 mit Verdoppelung in der e-Reihe.

17...	f7—f6!
18.e5xf6+	g7xf6
19.Sf3—d2	Ta8—a7
20.f2—f3	Ke7—f7
21.Kg1—f2	Sd7—b8!
22.g2—g3	Sg6—e7
23.Ta3—a1	Ta7—d7!

Stellung nach dem 23. Zug

Der deutsche Meister Otto Zander bekennt als Kommentator im Turnierbuch: „Man müßte lange suchen unter den Meistern, wollte man zwei finden, die so verschieden spielen wie Carls und Post. Der Gegensatz der Philidorschen (Carls) und der Bledowschen Schule (Post) ist in ihnen wieder aufgelebt. Bezeichnend für Carls Spielweise sind seine Siege über Post und Zander, besonders aber die Partie gegen Heß. Da ist das langsame Vorbereiten des entscheidenden Durchbruchs, das Anstreben bestimmter Bauernstellungen. *Für den Glossator, der mehr als Redensarten bieten will, ist nichts schwerer als eine Carls-Partie. Das Spiel Heß—Carls hat mich die meiste Zeit gekostet, und doch habe ich das Gefühl, am Kern der Sache vorbeigegangen zu sein. Ich kann nicht sagen, welcher Zug der entscheidende Fehler gewesen ist.*"

Der Leser, der beim Nachspielen dieser anscheinenden Durchschnittspartie sich zunächst wenig Gedanken macht, wird die Sache nun mit ganz neuen Augen betrachten. Das entwaffnende Bekenntnis eines Meisters über die Geheimnisse eines individuellen Stils — hier von C. Carls — verblüfft zunächst. Zander, eher Exponent der anderen Richtung — eigentlich der italienischen Schule des 18. Jahrhunderts — ahnt *im Stil von Carls die Wahrzeichen der Neuen Schachideen!* Darüber hinaus gehört Carls Spielweise in dieser Partie zum modernen Rüstzeug der kommenden Weltmeister wie Capablanca, Nimzowitsch, Rubinstein, Reshevsky, Botwinnik, Petrosjan und Fischer.

24.Te1—e2 Se7—f5
25.Ta1—e1 Tf8—e8
26. c2—c3

Weiß hat nun die Türme auf der richtigen Linie. Er hat aber viel Zeit verloren und den wichtigen Be5 tauschen müssen. Mit dem Textzug, der einmal geschehen muß, gesteht Weiß ein, daß er zum Abwarten verurteilt ist.

26... Sf5—d6
27.Sb3—c1 Td7—a7
28.Sc1—b3 Sb8—d7
29.f3—f4

Dies ist ein schwerer Positionsfehler. Weiß glaubt, den Vorstoß des Be5 verhindern zu müssen, aber diese Gefahr war nicht so groß. Am besten war noch immer Sb3—c1—d3.

29... a6—a5
30.Te1—a1

Mit Recht öffnet Weiß dem Gegner nicht die b-Reihe.

30... a5—a4
31.Sd2—b1 Te8—b8!
32.Sb3—d2 c6—c5!
33.Sb1—a3

Nehmen darf Weiß nicht, denn nach 33.bc5: bc5: 34.dc5: Sc5: erläge er dem Zusammenwirken der feindlichen Türme und Springer sehr bald.

33... c5xb4
34.c3xb4 Tb8—c8
35.Kf2—e3 b6—b5

36.Ke3—d3 Sd7—b6
37.Ta1—e1 Ta7—e7
38.Sd2—b1 Sb6—c4
39.Sb1—c3 Sc4xa3
40.b2xa3 Te7—c7
41.Sc3—b1

Wollte Weiß mit 41.Tc1 h5 42.Tec2 den Versuch machen, dem Gegner die c-Reihe zu nehmen, so könnte folgen: 42...Kg6 43.Sb1 Tc2: 44.Tc2: Tc2: 45.Kc2: Kf5 46.h3 Se4 47.Sc3 Sc3: 48.Kc3: Ke4 und gewinnt.

41... Sd6—e4

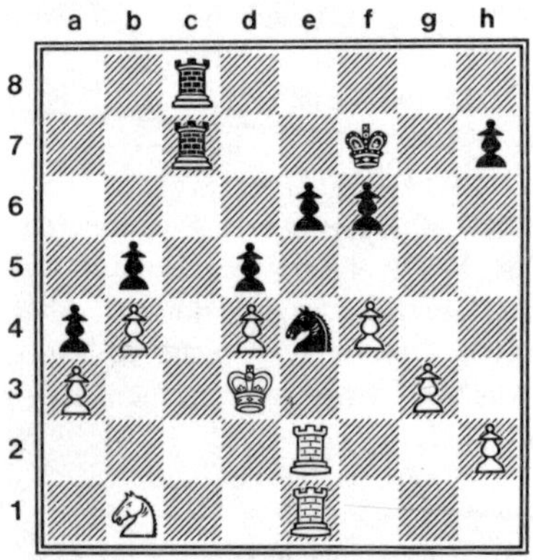

Stellung nach dem 41. Zug

Die Stellung erinnert an zahlreiche klassische Belagerungsbeispiele, die am Ende mit Umgehung (die Türme kommen von hinten) und Zugzwang die Entscheidung bringen. Man vergleiche dazu vor allem die Partie Bogoljubow-Capablanca aus Bad Kissingen 1928 im nächsten Kapitel.

Jetzt rächt sich der 29. Zug! Die schwarzen Figuren stehen ideal: die Türme auf der einzigen offenen Reihe, der Springer beherrscht das Zentrum und versperrt den feindlichen Türmen den Weg nach e6. Zunächst droht matt in 2 Zügen.

42.Te2—a2 Tc7—c1
43.Te1xc1 Tc8xc1
44.Sb1—d2 Tc1—d1!
45.Kd3—e3 Se4—d6
46.Ke3—e2 Td1—c1
47.Ke2—d3 Sd6—c4!

Nun ist Weiß verloren. Tauscht er auf c4, so entscheidet nach dc4:+ der Freibauer. Es droht Te1 nebst Te3+.

48.f4—f5

Ein letzter Versuch. Auf 48.Ke2 gewinnt 48...Tc3 49.Sb1 Tb3, auf 48.Sf3 aber folgt Tb1 49.Sd2 Te1 oder 49.Kc2 Tf1 gewinnt.

48... e6xf5
49.Sd2—f3 Tc1—b1
50.Sf3—h4 Tb1—b3+
51.Kd3e2 Sc4xa3
52.Sh4xf5 Sa3—c4
53.Ta2—a1 Tb3xb4
54.Ta1—e1 a4—a3
55.Ke2—f3 a3—a2
56.Te1—e7+ Kf7—f8
0:1

Der Stuttgarter Meister Theobald Heß, gebürtig aus Gmünd, gehörte später ebenfalls zur deutschen Meisterklasse. Er war 1939 noch Teilnehmer des Reichsgartenschau-Turniers in Stuttgart. Der spiritus rector des württembergischen Schachlebens fiel 1944 im 2. Weltkrieg als Major.

Die Spielführung von C. Carls erinnert uns — vor allem, wenn wir durch die schöpferischen Zweifel von Meister Zander auf den geheimen Gehalt dieser Partie hingewiesen worden sind — an spätere große Zernierungsschlachten eines Capablancas Nimzowitschs oder des zeitgenössischen Exweltmeisters Petrosjan.

Schönheitspreise von 900 000 Mark verfallen

Eine Erinnerung zum
23. Deutschen Schachkongreß 1923 in Frankfurt/Main.
Diese Deutsche Meisterschaft nahm einen hektischen Verlauf vor allem deswegen, weil die einsetzende Inflation Teilnehmer und Veranstalter beunruhigten. „Wegen der Unmöglichkeit, Schecks oder per Post Geld zu erhalten", mußten die Kämpfer sofort nach Turnierschluß am 9. August die Heimreise antreten.
Besonderes Pech hatten die Gewinner der ausgesetzten Schönheitspreise, Grünfeld und Post. In einem Nachtrag stellt das Turnierbuch fest:
„Da aber leider der Anfang August ausgesetzte Betrag, rund 900 000 Papiermark, vom Frankfurter Komitee nicht wertbeständig angelegt worden ist, erübrigt sich eine Übersendung der Beträge. Die glücklichen Gewinner müssen sich mit der Feststellung der Tatsache begnügen, daß sie Hervorragendes geleistet haben. Die geehrten Schachmäzene seien an das alte Wort erinnert: Hic Rhodus, hic salta."
Und das war die mit dem 1. Schönheitspreis (nachträglich) ausgezeichnete Partie. Großmeister Ernst Grünfeld aus Wien gewann mit 7½ Punkten vor Post und Wagner mit je 5½ Punkten.

Grünfeld—Hilse
Frankfurt 1923

1.d2—d4	d7—d5
2.c2—c4	e7—e6
3.Sb1—c3	Sg8—f6
4.Sg1—f3	Sb8—d7
5.Lc1—g5	Lf8—e7
6.e2—e3	c7—c6
7.Dd1—c2	0—0
8.a2—a3	Tf8—e8
9.Ta1—c1	h7—h6
10.Lg5—f4	Sd7—f8
11.c4—c5	Sf6—h5
12.Lf1—d3	Sh5xf4
13.e3xf4	Dd8—c7
14.g2—g3	Lc8—d7
15.0—0	Te8—d8
16.Tf1—e1	Ld7—e8
17.b2—b4	Le7—f6
18.Kg1—g2	b7—b6
19.h2—h4	b6xc5
20.b4xc5	Ta8—b8

Besser wäre 20...Da5 gewesen.

21.Dc2—a4!	g7—g6
22.h4—h5	Lf6—g7
23.h5xg6	f7xg6
24.Sf3—e5	Lg7xe5
25.Te1xe5	Le8—f7
26.Tc1—h1	Kg8—g7
27.Te5—e2	Sf8—d7
28.Ld3—b1	Tb8—b7
29.Da4—c2	

Schwarz muß jetzt mit dem Einschlag Te6: rechnen, der im Augenblick noch mit dem Zwischenopfer Tb1: pariert werden kann.

29... Td8—h8
30.Th1—e1 Sd7—f6?

Notwendig war die Deckung mit Sf8.

31.Te2xe6! Sf6—e4
32.Sc3xe4 Lf7xe6

Erobert zwar die Qualität, aber für einen zu hohen Preis.

33.Se4—d6 Le6—f5
34.Sd6xf5 + g6xf5
35.Dc2xf5 Dc7—f7
36.Df5—g4 + Kd7—f8
37.Lb1—g6 Th8—g8
38.Te1—e6

Stärker als 38.Dc8 + Kg7 39.Dc6: usw.

38... Tb7—c7
39.f4—f5 Tc7—c8
40.Dg4—f4 Df7—c7
41.Te6—e8 + Kf8—g7
42.f5—f6 + Kg7xg6

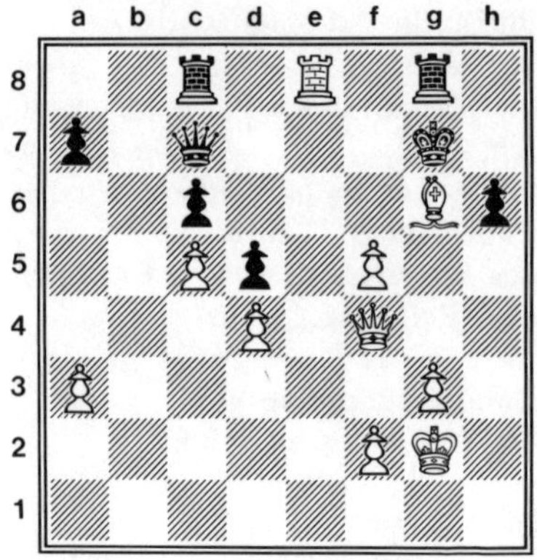

Stellung nach 41...Kf8—g7

43.Te8xg8 + 1:0

Damenverlust nach Tg8:, oder matt nach Kh5 (Df5‡).

Von Kommerzienrat Rosenfeld aus Stuttgart wurde ein Begrüßungsschreiben auf der Bundesversammlung verlesen, in dem die Bedeutung des Schachspiels für den sozialen Ausgleich betont wurde.

J. R. Capablanca

Das Schachgenie der Praxis

Der Name des Kubaners Jose Raoul Capablanca darf in keiner Schachanthologie fehlen. Capablanca, 1888 in Havanna geboren, war viel mehr als nur die 'Schachmaschine', wie er im Volksmund bewundernd genannt wurde. In Band II „Unvergessene Schachpartien" (Das Dreigestirn Lasker, Capablanca, Aljechin) erfährt der Leser mehr aus dem Leben dieses Schachweltmeisters.

Capablanca, Weltmeister von 1921 bis 1927, und bis zu seinem Tod im Jahre 1942 die Nummer 1 bis 3 der Weltschachelite, war eine strahlende Erscheinung der Zwanziger Jahre. Seit dem Jahre 1911, als 'Capa' erstmals in Europa auftauchte und sensationeller Sieger in San Sebastian wurde, reiste er ununterbrochen zwischen Amerika und Europa in Sachen Schach umher. Mehr noch: sein Heimatland Kuba erhob den großen Sohn in den diplomatischen Status. Um ihm weitgehende Bewegungsfreiheit auf seinen Schachtourneen zu ermöglichen, wurde er der Gesandtschaft in St. Petersburg zugeteilt. Hier soll nur eine für Capablanca typische Partie folgen:

Bogoljubow—Capablanca
Bad Kissingen 1928

1.d2—d4	Sg8—f6
2.c2—c4	e7—e6
3.Sg1—f3	b7—b6
4.Sb1—c3	Lc8—b7
5.Lc1—g5	Lf8—e7
6.e2—e3	Sf6—e4
7.Lg5xe7	Dd8xe7
8.Sc3xe4	Lb7xe4
9.Sf3—d2	Le4—b7
10.Lf1—e2	De7—g5
11.Le2—f3	Lb7xf3
12.Dd1xf3	Sb8—c6
13.Df3—g3	Dg5xg3

Obwohl Capablanca auf Sieg spielen muß, um Bogoljubow den Turniersieg noch streitig machen zu können, tauscht er die Dame. Bogoljubow, dem ein Remis genügt, glaubt mit dem Tausch das Ziel schon erreicht zu haben.

14.h2xg3	Ke8—e7
15.g3—g4	h7—h6
16.a2—a3	a7—a6
17.Ke1—e2	Th8—b8
18.Sd2—e4?	b6—b5
19.c4—c5	d7—d5
20.c5xd6+	c7xd6
21.f2—f4	Tb8—c8

Der Optimist Bogoljubow sieht in der einfachen Stellung keine Gefahr, daher unterlaufen ihm einige Flüchtigkeitsfehler. Richtig wäre 22.The1 gewesen, vor allem aber mußte 23.Tac1 anstelle von 23.Kd3? geschehen.

22.f4—f5	Sc6—a5
23.Ke2—d3	Sa5—c4
24.Ta1—b1	d6—d5
25.Se4—c3	

Nicht besser wäre 25.Sc5 e5 26.e4 de4: + 27.Se4: Td8 usw.

25...	Tc8—c6
26.f5xe6	f7xe6
27.g4—g5	h6xg5
28.Th1—h5	Ke7—f6
29.Th5—h3	Ta8—c8
30.Sc3—a2	a6—a5

Der Exweltmeister verstärkt den Druck auf die weiße Stellung am Damenflügel konsequent und anhaltend. Es droht 30...Sb2: oder 30...Sa3:. Allmählich wird Weiß an Händen und Füßen gefesselt.

31.Th3—f3+	Kf6—g6
32.g2—g4	Sc4—d6

Sein Plan ist, den Turm nach c2 und den Springer nach e4 zu führen. Der Leser vergleiche dazu die Partie Heß—Carls auf S. 98.

33.Sa2—c3	b5—b4
34.a3xb4	a5xb4
35.Sc3—d1	Tc6—c2
36.Tf3—f2	b4—b3!
37.Tb1—a1	Sd6—e4
38.Tf2—e2	Tc8—c6
39.Ta1—b1	

Zeichen der einsetzenden Agonie!

39...	e6—e5
40.Tb1—a1	Tc6—c4
41.Ta1—a5	
41...	Se4—c5+!

Matt im nächsten Zug durch e5—e4#

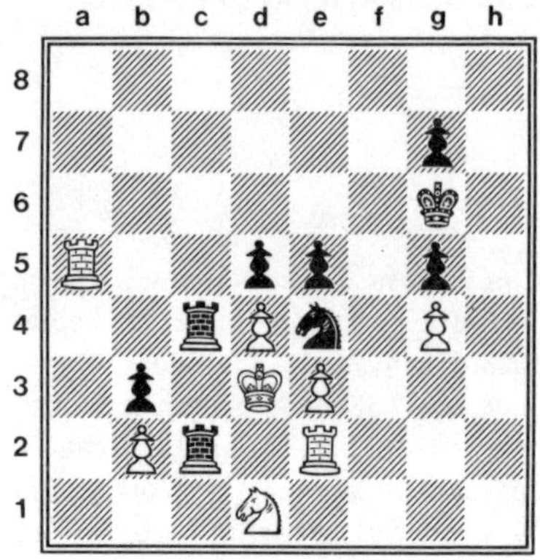

Capablanca vor dem 41. Zug

Auf den acht Turnieren, die der Exweltmeister nach dem Verlust seines Weltmeistertitels an Aljechin im Jahre 1927 absolvierte, errang er sechsmal den ersten und zweimal den zweiten Rang (in Kissingen hinter Bogoljubow, und in Karlsbad 1929 hinter Nimzowitsch!).

Dazu gehörte auch das „Berliner Tagblatt-Turnier“ im Jahre 1928. Zum hundertjährigen Bestehen der Berliner Schachgesellschaft wurden 1928 drei Turniere organisiert. Zum dritten, das im Oktober gespielt wurde, waren nur Großmeister eingeladen. Capablanca siegte mit 1½ Zähler Vorsprung (8½) vor Nimzowitsch (7), Spielmann (6½), Dr. Tartakower (5½), Reti und Rubinstein (5), Marshall (4½); Dr. Tarrasch mußte wegen Krank-

heit nach der 3. Runde zurücktreten.
Dem Kubaner nützten alle seine Turniererfolge jener Jahre wenig, um seinem erhofften Ziel näher zu kommen: der Revanche mit Aljechin. Dieser arrangierte sich mit seinem Landsmann Bogoljubow und dachte nicht daran, seinem Erzfeind Capablanca die Chance zu einem Rückkampf zu geben.

Reti—Capablanca

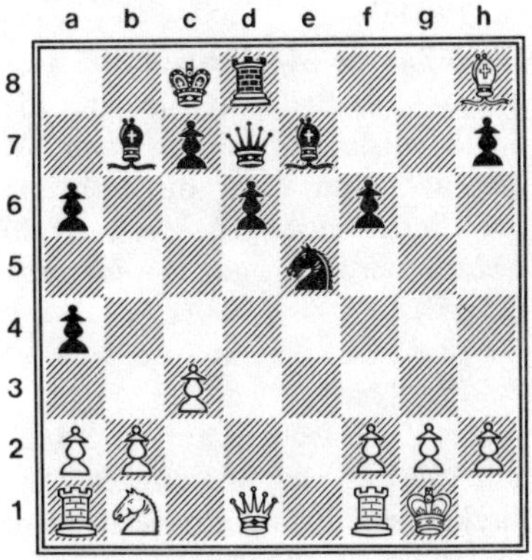

Schwarz vor dem 17. Zug

Das Turnier wurde „Unter den Linden" im Café König, dem bekannten Schachlokal jener Jahre, ausgetragen. Der Exweltmeister erlangte gegen Reti mit der Siesta-Variante als Schwarzer rasch Gewinnstellung. Die Bedenkzeit war etwas großzügiger wie heutzutage, nämlich 2 Stunden für 30 Züge, danach pro Stunde 15 Züge.
In der Bildstellung machte Schwarz kurzen Prozeß:

17... Lb7—f3!

Um auf Züge wie 18.Dd2 oder Dc2 elegant mit dem Damenopfer 18...Dh3!! abzuschließen.

18.g2xf3

Auf 18.Dd4 könnte ebenso Dh3!! geschehen: 19.gh3: Tg8+ 20.Dg4 Sg4: und undeckbar matt (21.Tc1 Se3+).

18... Dd7—h3

0:1 Ein schöner Sieg der letzten Runde.

Im Grandhotel Panhans auf dem Semmering 1926

Spielmann gewinnt 1926 vor Aljechin * 1937 Keres vor Fine, Capablanca, Reshevsky.
Der Hotelbetrieb des Grandhotel Panhans ist schon seit Jahren eingestellt.
Wir aber begeben uns in Gedanken zurück ins Jahr 1926, betreten den großen Spielsaal und sehen uns die Abschlußtabelle des Großmeisterturnieres an: Spielmann 13 Punkte, Aljechin 12½, Vidmar 12, Nimzowitsch und Tartakower je 11½, Tarrasch, Rubinstein je 10, Reti 9½, Grünfeld 9, Janowski 8½, Treybal 8, Vajda 7½, Yates 7, Gilg, Kmoch je 6, Davidson 5½, Michel 4½, Roselli 1 Punkt.
Von ihnen leben 1976 nur noch die beiden Deutschen Paul Michel (der seit der Schacholympiade 1939 in Argentinien lebt) und Karl Gilg (76 Jahre alt und wohnt in Bad Aibling).

Für den Österreicher Rudolf Spielmann war es einer seiner großen Turniererfolge, schon deswegen, weil Aljechin als Zweiter im Jahr darauf die Weltmeisterschaft eroberte. Der kommende Weltmeister mußte drei Niederlagen einstecken, und zwar von Nimzowitsch, Vidmar und von dem Amateur Gilg. Als Turnierleiter amtierte der Wiener Meister Heinrich Wolf, selbst ein bedeutender Meister der vorangegangenen Aera.

Nimzowitsch—Aljechin
Aljechin-Verteidigung

1.e2—e4	Sg8—f6
2.Sb1—c3	d7—d5
3.e4—e5	Sf6—d7
4.f2—f4	

Mit 4.Sd5: Se5: 5.Se3 sind die Verhältnisse in der Mitte sogleich geklärt. Aber das ist nicht im Sinne von Nimzowitsch gegen eine Spielweise, die sein Gegner von 1923 an in die internationale Turnierpraxis eingeführt hat.

4...	e7—e6
5.Sg1—f3	c7—c5
6.g2—g3	Sb8—c6
7.Lf1—g2	Lf8—e7

Nimzowitsch: „Der Königsflügel des Nachziehenden scheint etwas eingeklemmt, dafür aber ist sein Zentrum umso beweglicher.“

8.0—0	0—0
9.d2—d3	Sd7—b6
10.Sc3—e2	d5—d4?!

Zweischneidig. Aljechin will die Einnistung eines Springers auf e4 verhindern (daher wäre ein vorheriges 9...d4? 10.Se4! für Schwarz nie empfehlenswert), aber der kann nach g3—g4 über g3 herangebracht werden. Schwarz sollte besser gleich f6 spielen.

11.g3—g4	f7—f6
12.e5xf6	g7xf6

Oder 12...Lf6: 13.Sg3 e5 14.f5! mit Weiß am Ruder.

13.Se2—g3	Sb6—d5
14.Dd1—e2	Le7—d6
15.Sf3—h4	Sc6—e7
16.Lc1—d2	Dd8—c7
17.De2—f2	c5—c4!

Weiß hat die Möglichkeit Sh5 ausgelassen, so daß Aljechin jetzt die Spiele wieder ausgleichen kann. Ja, Schwarz kann sogar die Führung der Partie erlangen, weil Weiß nicht energisch genug fortsetzt (25.g5!).

18.d3xc4	Sd5—e3!
19.Ld2xe3	d4xe3

Wegen der Fesselung auf der Schrägen c5/g1 ist der Be3 zunächst indirekt geschützt. Auch jetzt wäre g5 richtig für Weiß.

20.Df2—f3	Dc7xc4
21.Sg3—e4	Ld6—c7
22.b2—b3	Dc4—d4
23.c2—c3	Dd4—b6
24.Kg1—h1	Se7—d5
25.f4—f5	Sd5—f4

Nachdem Weiß die Gelegenheit zum siegreichen Angriff ausgelassen hat: 25.g5 fg5: 26.Sg5: Tf4: 27.Dh5, setzt Schwarz zum Gegenangriff an.

26.Tf1—d1	Kg8—h8
27.Lg2—f1	e6xf5
28.g4xf5	Lc7—e5

29.Td1—e1 Lc8—d7
30.Te1xe3 Ld7—c6
31.Ta1—e1 Sf4—d5

Stärker war Tg8 mit Druck in der g-Linie. Die beiden schwarzen Läufer wären dann noch mehr zur Wirkung gekommen.

32.Te3—d3 Sd5xc3
33.Sh4—g6+!

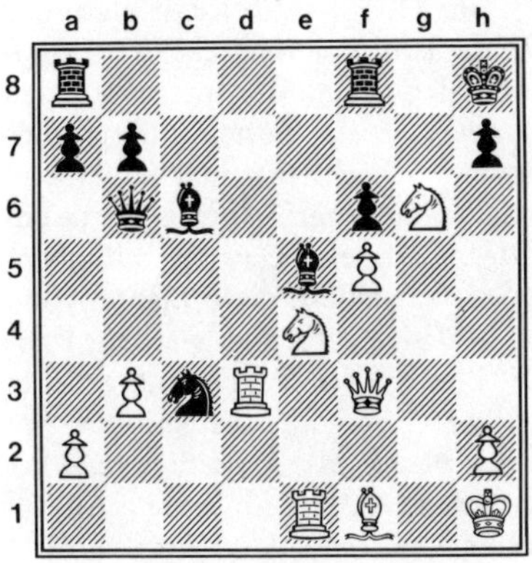

Stellung nach 33.Sg6+

33... h7xg6
34.Df3—g4!!

Die Ausrufezeichen stammen von Nimzowitsch selbst. Schwarz konnte jetzt nur mit 34...Tg8 Widerstand leisten: 35.fg6: Kg7 36. Td7+ Ld7: 37.Dd7:+ Kg6 38.Ld3 Kh6 39.Dh3+ Kg7 40. Tg1+ Dg1:+ „und der Gewinn für Weiß ist noch weit im Felde" (Nimzowitsch in ‚Die Praxis meines Systems', K. Rattmann, Hamburg.)

34... Tf8—f7?
35.Td3—h3+ Kh8—g7
36.Lf1—c4 Lc6—d5
37.f5xg6 Sc3xe4
38.g6xf7+ Kg7—f8
39.Te1xe4

Auch 39.Dg8+Ke7 40.f8D+ Tf8: 41.Th7+ Ke8 42.Dd5: war möglich.

39... Ld5xe4+
40.Dg4xe4 Kf8—e7
41.f7—f8D+! Ta8xf8
42.De4—d5 Db6—d6
43.Dd5xb7+ Ke7—d8
44.Th3—d3 Le5—d4
45.Db7—e4 Tf8—e8
46.Td3xd4 (auch Dd4:)
1:0

Vom 8. September bis 1. Oktober 1937 wurde das Turnier auf dem Semmering und in Baden ausgetragen. Da war schon eine neue Generation am Zuge: Keres 9, Fine 8, Capablanca, Reshevsky je 7½, Flohr 7, Eliskases, Ragosin je 6, Petrow 5 Punkte. Der 21jährige Estländer bezwang den Weltmeisterkandidaten Salo Flohr in 24 Zügen. In dem doppelrundigen Turnier fabrizierten Fine und Capablanca aus je 14 Partien 12 bzw. 11 Remisen! Erich Eliskases, im nächsten Jahr Sieger in der Meisterschaft von Großdeutschland vor Kieninger, Michel und Engels, signalisierte schon auf dem Semmering den kommenden Großmeister: der Tiroler besiegte Keres und Capablanca! (Und hielt gegen ‚Capa' die 2. Partie remis!) Doch diese Geschehnisse passen nicht mehr in den Rahmen dieses Bandes.

Bestimmt hat jeder Schachfreund schon von der „Unsterblichen Partie“ oder der „Immergrünen Partie“ gehört, doch es gibt wenig greifbare Literatur, die eine Zusammenfassung bietet. Hier findet er nicht nur die unvergessenen Partien der berühmten Schachmeister, sondern erfährt auch von den Schicksalen und Erlebnissen, die sich um die Meister und ihre Welt rankten.

Die „Unsterbliche Partie“

. . . Für viele Schachfreunde ist der Name Adolf Anderssen noch heute ein Begriff, denn er war es, der die „Unsterbliche Partie“ spielte. Der Gymnasialprofessor Anderssen aus Breslau (1818—1879) galt als erster Schachweltmeister und war zwanzig Jahre lang der deutsche Vorkämpfer. Nach seinem aufsehenerregenden Sieg beim 1. Internationalen Schachturnier in London 1851, wo Anderssen die besten Meister der damaligen Zeit besiegen konnte, nahm das Schachleben in Deutschland einen ungeahnten Aufschwung. Das glänzende Angriffsspiel Anderssens begeisterte seine Zeitgenossen. Nicht der materielle Gewinn mit kleinlichem Sieg war die Richtschnur seines Spiels, sondern die brillante Kombination. Durch kühne Opfer sollte der Mattsieg erfochten werden. Freilich beherrschte Adolf Anderssen alle Phasen der Partie mit gleicher Meisterschaft, er war ein großer Praktiker. Über die Strategie des Angriffs sagte Anderssen:„Angriff ist immer besser als Verteidigung. Man diktiert das Spiel und hält den Gegner in Atem. Soll der Angriff durchdringen, geht es jedoch selten ohne Opfer ab. Und hier verdirbt Verzagtheit alles, Tollkühnheit aber wirft die Partie weg. Kühne Angriffe mit überraschenden Opfern dringen leicht durch, wenn auch manchmal etwas Schwindel dabei sein sollte. Allein die Tatsache eines Opfers wirkt auf viele Gegner bereits deprimierend. Eine alte Faustregel sagt, daß der Angreifer Opfer und materielle Verluste nicht scheuen soll, denn ein einziger Mißgriff in der Verteidigung wirkt tödlich.“ Adolf Anderssen war der Zeitgenosse des Schachgenies Paul Morphy aus Amerika, dem er in einem Zweikampf in Paris 1858 ehrenvoll unterlag. Anderssen blieb aber Sieger in den größten Turnieren der damaligen Zeit: London 1851 und 1862, Hamburg und Barmen 1869, und Baden-Baden 1870.

Auszüge aus Schuster: Unvergessene Schachpartien I

Schach bei Franckh/Kartenspiel

Unvergessene Schachpartien I
Schicksale berühmter Schachmeister

Von Theo Schuster

In diesem Band, der mit Alten Meistern des frühen 19. Jahrhunderts beginnt, macht uns der Autor neben den unvergessenen Partien mit Schicksalen und Erlebnissen bekannt, die Schachgeschichte wurden. Von Deschapelles, dem General Napoleons, führt die Reihe der Großen über Paul Morphy, Sigbert Tarrasch, Tschigorin bis zu Frank Marshall, — um nur einige zu nennen.

Unvergessene Schachpartien II
Das Dreigestirn Lasker, Capablanca, Aljechin

Von Theo Schuster

Die drei Weltmeister aus Deutschland, Kuba und Rußland beherrschten die Schachwelt während eines halben Jahrhunderts, von 1896—1946. Ihr unvergleichlicher Aufstieg, Triumphe und Niederlagen auf dem Schachbrett und im Leben im Wechselspiel von Freundschaft-Feinschaft mit und gegeneinander, all dies wird ungemein fesselnd dargestellt, — viele hochinteressante Partien können nachgespielt werden. 64 Seiten, 41 Diagramme.

Neun beliebte Kartenspiele
Gaigel, Sechsundsechzig, Einundfünfzig, Rommé, Binokel, Doppelkopf, Poker, Siebzehn und vier, Skat

Von Theo Schuster

Das Kartenspiel kann sowohl Spannung als auch Entspannung bieten, das Konzentrationsvermögen wird gestärkt, und vor allem macht es Spaß. Auch hier versteht es Theo Schuster, den Leser geschickt in die Materie einzuführen und sein Können zu fördern. Der Anfänger braucht nicht lange abseits zu sitzen, sondern kann schon bald als der begehrte „dritte Mann“ einspringen.
71 Seiten, 82 Abbildungen.